安頓心靈的智慧

心觀◎著

自序

在二十一世紀的今天，失業產生了各式各樣的偷、搶、騙、吸毒和自殺行為，這些行為無情的、不斷的給當事的雙方，進行著無盡的爭扎和煎熬！仔細觀察這背後產生的原因，都是因為心靈無法安頓，得不到適當幫助的關係。有鑑於此，個人不吝鄙陋，將自身心靈調適重點，筆之於書，提供有緣人作為參考。

人類的存在，是以心靈為主導的。所以心靈的保健，是極其重要而須要時時刻刻去做的事；不單單是修心人，包括多數想改變自己的人，或者改變自己失敗的人，或者給兒女找心靈課外讀物的父母，或者當下就想尋找心靈廣大空間的人，本書自是智慧的選擇。

在房子前面的陽台，風吹雨淋，帶來了許多的灰塵，須要經常的打掃擦拭，為了節省時間，就做了密封式的採光罩，之後，覺得空間大了，也省事多了。因此家人就種了一些花草，聊以觀賞。

因為家人喜歡吃辣椒，所以，也種了一棵在陽台，不久，就長一公尺多高，而且開了密密麻麻的白花。然而一個多月過去，就是沒有一個辣椒出現，原先以為是一棵公株？究其原因，才發現是窗戶緊閉，沒有花粉使者（蜜蜂和蝴蝶）的原故。

後來，以人工傳遞花粉，果然結實壘壘。

這一件事實，讓人瞭解到上帝創造蜜蜂和蝴蝶的原因。也了然花粉使者，就是人類來走這一趟人生的真正目的。

當然，有人會認為蜜蜂和蝴蝶，只是為了採、吃花蜜才忙碌終日，對，那也是事實。然而傳花粉和配合花在地球上的美麗，仍然是蜜蜂和蝴蝶存在的意義。

書以有限的語言、文字，來描述、表達無限的自由和真愛，很難十分適當，因為無限的自由和真愛是用在實踐，不是用說就算的；所以描述和表達，只是提供心當下清楚明白一把鑰匙，以便開啟生命的無限奧妙和可能；因為心當下的清楚明白，常產生在當下突變。因此，書的敘述，有可能喚醒思想的大夢，有可能傳達語言、文字以外的真愛。但這些傳達，不是權威、不是定論。

所有的蜜蜂和蝴蝶，都不是有心媒介的，但是，一切植物的雌蕊，卻自然受粉，成功繁衍下一代。換言之，書只是指向目的物的手指，並不是目的物本身，這是最須要徹底認識清楚的重點。

就是因為有巧遇蜜蜂和蝴蝶的媒介機緣，才有活在當下的認識和行動。而人類是一體不二的，所以人人在這裡，會一樣有巧遇的機緣，人家說：「千金難買早知道！」請真情面對自己的心，把握，行動，加油！加油！

心觀序於西元兩仟零五年三月

目錄

認識教育

目錄

認識心和心眼

小記者和一群對心靈探討充滿好奇的學生、教授，跟在宇宙博士的後面，來到通往「心」國的時光隧道口，準備進入「心」國去參加「心」國的心靈研討會。在進入之前，宇宙博士先向這一行人，先作簡單解釋：

「能夠讓咱們人類看清楚、了解一切的總源頭：『心』的，就是在大家前面的時光隧道：『心靈的眼睛』，簡稱『心眼』」博士繼續說：

「要認識一個人的人生，把人生的奧妙看清楚，不是用身體的眼睛就可以做到，有必要進一步認識、找到『心眼』。這『心眼』不是心臟的眼睛，而是一個人生下來以後，了解自己和一切宇宙事物的『心靈眼睛』」

一行人於是左顧右盼、前面後面、上面下面，都沒有找到宇宙博士講的時光隧道：「心眼」，立刻就有學生問博士：

「心眼在那裡，怎麼沒有看到？」

宇宙博士回答：

「心的眼睛，是人的第三隻眼睛。大家耳熟能詳的古代小說人物裡面，就有第三隻眼睛的人。有多少人看過古代小說或相同內容漫畫，瞭解第三眼的？」

賈聰明同學先介紹自己，然後聲音稍大的說：「在《封神榜》裡面的楊戩，有第三隻眼睛！」

鄭充尹同學也先介紹自己，然後跟著說：「日本卡通人物，也有第三隻眼睛的人。」

宇宙博士接著說：「啊哈！想不到各位同學的知識這麼豐富，如此一來，『心眼』時光隧道口在那裡，大家都知道嘍！」

為了讓同學們更加清楚，宇宙博士講了一個故事：

小和尚跌跤

這一天，小和尚跟往日一樣，一大清早就跟著老和尚出門去托缽。

在回程的路上，小和尚一不小心跌跤在地，連缽帶食物全部打翻了，手肘處也在身體倒下時，擦到地破皮流血了。小和尚被這突如其來的跌倒嚇得：

「哎唷！」驚叫出聲，當發現飯菜打翻、手肘又疼痛流血了，馬上就委曲的趴在地上，放聲哭了出來。

老和尚見此狀況，趕快把手上拿的東西安放在路旁，然後快步過來扶起小和尚，溫柔的安慰說：

「跌疼了是嗎？人都有不小心的時候，以後走路注意一點才好，喔！手肘破皮流血了……」

說著就從僧袍裡拿出隨身手絹來，把傷口擦拭了一下然後包紮起來。這時小和尚仍然哭個不停，不肯站起來。

老和尚說：「傷口痛是必然，等一會回去再清潔上藥，過兩天就會好起來，不要哭了。」

只聽小和尚說：「食物都打翻了，今天沒有東西可以吃了……」

老和尚聽了笑著說：「哦！原來怕沒飯吃，不用擔心！兩人平分師父缽裡的食物不就好了，剛剛那位施主不是多給了兩個大餅嗎？」

小和尚聽了以後，心裡的委曲總算解除，心也安了許多，這才從地上站了起來，兩人同時用手拍去身上的泥沙。小和尚把打翻的缽撿了起來，心疼的望著散落一地的食物說：

「師父說過，要非常珍惜食物才好，現在這些食物，沾滿泥沙怎麼辦？」

老和尚回答：

「沒關係！只要不是故意糟蹋就好，等一下狗經過這裡，牠會吃的。平常人家丟東西給狗吃，都是直接丟在地上不是嗎？沒問題的，走，回去啦！」

老和尚拿起放在路旁的東西，邁步回寺廟。走了不遠，小和尚仍然記著剛剛打翻的食物，頻頻回頭看，果然看到一隻狗出現，過一會兒，狗就找到那些食物，吃了起來。

回到寺廟，老和尚把小和尚手肘的傷口，處理乾淨然後上藥包紮好，才一起吃早餐。用餐後，小和尚問老和尚：

「師父怎麼會知道，那打翻的食物，馬上會有狗來吃呢？」

老和尚很有自信的說：「當然知道，因為這是和尚們平常最重要的功課呀！」

小和尚問：「什麼功課？」

老和尚答：「就是隨時隨地用心眼觀察自己心裡、身邊的一切事物的功課。」

小和尚問：「做這種功課，就可以知道狗會來吃那些食物嗎？」

老和尚答：「是啊！」

小和尚問：「那小和尚天天跟著師父一起出去，一起回來，怎麼卻不知道呢？」

老和尚答：「因為小和尚沒有進入『心眼』，這個時光隧道去作觀察呀！」

小和尚問：「怎樣進入『心眼』這個時光隧道去作觀察呢？」

老和尚答：「和尚主要的功課，就是行、住、坐、臥，都在這個時光隧道裡面作觀察，所以每天清晨，路過那裡的時候，就觀察到那隻狗經常出現在那附近，而且每一次看到牠，都是一面走一面找食物的樣子；這就是老和尚知道的原因嘍。」

小和尚：「喔！」一聲，然後說：「小和尚終於明白自己真的沒有用心了。」

老和尚卻解釋說：「也不算小和尚不用心，而是老和尚還沒有教導小和尚，認識、進入自己的『心眼』，來觀察『心』與一切事物的關係。」

小和尚說：「請師父指點。」

老和尚就提醒小和尚說：「必須隨時隨地把自己全部的注意焦點，集中在第三眼」，然後再提出一個問題：「早晨小和尚跌倒之後，為什麼哭呢？」

小和尚一面集中注意力到心眼，一面回答：「因為……因為被突發的事情嚇到，因為手肘受傷好痛、流血……」小和尚一時語塞。

老和尚繼續問：「還有其它原因嗎？」

小和尚答：「因為飯菜打翻了沒得吃了……」

老和尚解釋：「對，這就是小和尚，要從心眼認識的『心』。『心』就是一個人，對自己內在的思想和外在的事物作面對、了解的主角，沒有這個主角，光有肉體是不能對待、了解的，看看剛過世的人，或受到嚴重傷害以後的植物人，就可以明白。」

老和尚再問：「認識了『心』以後，那麼『心』為什麼在被嚇到、被跌倒受傷流血、食物被傾翻的時候，會傷心的哭呢？」

小和尚在心眼處聚焦了許久，勉強擠出一句：「受傷就想哭……」

老和尚說：「受傷就想哭，每個人都這樣不是嗎？到底為什麼哭呢？仔細想想看？」

小和尚一時無法回答。

老和尚試著替小和尚回答：「是不是發生了這些事以後，小和尚的『心』感覺到好委曲、好可憐，才以哭來發洩呢？」

小和尚連忙回答：「是啊！」

老和尚趁機解釋說：「好，現在重點出來了：『心在發生事故以後，可以不被嚇到，不感覺受傷、流血、沒飯吃是可憐、可怕的話，還會不會哭呢？』」

小和尚答：「應該不會哭了。可是今天如果沒有那兩個大餅，不是要挨餓嗎？」

老和尚不以為然的說：「是嗎？放心，大自然的神秘力量，不會讓小和尚挨餓的，要不然今天就不會這麼巧，忽然多了兩個大餅不是嗎？」

小和尚說：「是啊！當那位施主給大餅的時候，小和尚真的不知道為什麼今天師父會多接受它，現在卻知道了！」

老和尚繼續解釋：「如果今天真的沒有那兩個大餅，小和尚還是不會挨餓的。」

小和尚問：「怎麼說？」

老和尚答：「師父可以再出去，特別為小和尚化緣呀！」

小和尚答：「對呀！小和尚怎麼沒有想到？……」

接著，老和尚進一步解釋說：

「人心的大障礙，就是妄心和道心的連體出現，容易誤認妄心為道心，在無法釐清當中轉不出來。也就是在憎與愛中，分不清其中的真相。」老和尚繼續說：「又憎又愛的連體心，是思想的兒子名叫執著，這位執著，喜歡一個人很快就產生佔有的慾望，還以為這就是愛，因為執著不知道真正的愛並不是佔有。一旦執著的愛不能完成，就馬上轉變成憎恨的情緒，這種情緒一經露臉，就很難全身而退，所以社會新聞中，才不斷上演假愛情、真暴力的事件。」

◆　◆　◆

宇宙博士故事說完，現場就響起一陣感謝與鼓勵的掌聲！之後，宇宙博士用非常輕快的口吻說：

「故事說完了，小和尚和各位同學們，也已經瞭解了怎樣進入『心眼』這個時光隧道，去作觀察心靈或者大自然的神秘力量，還有其它一切的事事物物了。」

宇宙博士讓大家認識心和心眼之後，帶領著所有的人，通過時光隧道，來到「心」國心靈研討會會場。

進入會場，第一個映入眼簾的是，五顏六色氣球做成的漂亮心型拱門，拱門上面由左向右結著「歡迎光臨心國心靈研討會」幾個金色大字，字隨著微風吹動氣球而發出閃閃金光。

然後，小記者看到拱門後約八十公尺，矗立著一棟古代宮廷式屋頂的五樓的樓房。（小記者進住後才知道是一座集多日渡假、開會雙重使用而設計的建築。那被巨幅橘色布幕蓋住的地方，就是「心國文化部會議渡假村」這幾個字。）從拱門到建築的路是十米大道，路上全部鋪著紅地毯，路的盡頭就是建築正面，有與路同寬的白色樓梯，是通往二樓會議廳的。會議廳的大門，則是倒心型的設計，有心到以及方便會議進出的意義。倒心大門的上面，掛著巨幅橘色布幕，布幕上由左向右寫著「心國心靈研討會會場」的紅色大字。

小記者把視線拉回拱門前面，看到男左女右各十位服務人員，男服務員身穿米色西裝，女服務員身穿紅色祺袍。見了宇宙博士等一行人到達，每個人都笑容可掬的彎腰鞠躬，齊聲的說：

「歡迎光臨！」宇宙博士等一行人也回答：「謝謝！」

服務人員的後面，是「心」國文化部師享部長，帶領著部內分署、分局長以及工作人員，依序一一排開，也在師享部長的一聲令下，大家同時向宇宙博士一行人，鞠躬行禮，齊聲說：

「歡迎光臨！」之後，宇宙博士等一行人也回答：「謝謝！」

接著，師享部長和宇宙博士兩人，熱烈握手，由師享部長介紹自己，然後宇宙博士介紹自己，一行人也依序逐次和部長，文化部署下一一握手見面；通過紅地毯時，看到了路旁每隔三米，插著隨風飄動的黃、綠、紅三色的旗幟，旗上是歡迎詞「歡迎光臨心靈研討會」。大家上了白色樓梯，準備進入心國心靈研討會會場。

師部長在會場門口，請大家進入場內。會場是長方形的，放置了橢圓、環狀的前、後兩排桌椅，前排較底，後排較高，使坐在位子上的人，都可以看到現場所有的人，是非常現代化的會議場。大家一一找到座位，發現每個位子前面桌上，早已經放置了一杯倒好的熱茶。

師部長引領著宇宙博士走到北邊中央的位子，只見位子背後的大銀幕上沿，貼著虹形的幾個金色大字「歡迎光臨心靈研討會」。接著，部長請宇宙博士坐在主位的右邊，自己則站在宇宙博士左邊的位子，示意其他署員依序在左右位子坐下，然後滿面笑容的對大家說：

「歡迎光臨『心』國參加心靈研討會，大家請坐下喝杯熱茶！」停了一會兒，又接著說：

「今天有這麼多的貴客參加心靈研討會，讓本部所有人員，同感榮幸！師某人代表本部向大家表示誠摯的歡迎！就是為了讓大家完全瞭解心國心靈的內含，所以，特別由本人親自出馬，為大家作服務！」宇宙博士等一行人聽了，立刻熱烈鼓掌表示感謝之意！

大家喝完茶，師享部長建議，由師部長先行帶領宇宙博士一行人，認識會場前、後、左、右所有的設置和環境，於是，大家就跟著部長走出會場。

師部長帶領大家，在整棟建築的前、左、後、右繞了一圈，小記者看到了四面的主要大門，都是心型的。二、三、四、五樓外面都有走廊，廊外是高一米的白色護欄，每隔五米就有一支紅色的觸頂廊柱，一切的配置，醒目而勻稱。

接著參觀一樓，有福利社、餐廳、各種娛樂及醫藥救護、公共盥洗室等等設施。然後從大樓的左前戶外樓梯上二樓，上來就是三米寬的灰色走廊，三、四、五樓的設置也都一樣。二樓則是剛剛的大會議廳，還有各部門的辦公室、圖書閱覽室的配置。三樓以上，就只是單純的住宿地方了。

下了樓，走出紅地毯路，路的兩旁是三米寬的紅磚道，紅磚道後面是花園和公園的組合。園中有曲徑、步道，大小花圃，涼亭、假山、小橋、流水、小型蓮花噴水池，還有生意盎然，濃綠成蔭的大樹，樹陰之下，設置了一張張有靠背的休憩椅，……等等，項目繁多，一時無法一一細述，都是給來賓散步、休息、聊天、賞景、看花等等的休閒設施。

看到最特別的是，園子的前方左右兩處角落，各建有二十坪大的米色黑頂的靜思室。室門上有金色「靜思」兩個大字，門前有遮雨棚，兩旁有置鞋櫃，專供入室者使用；室內是用大塊實木地板鋪設，角落放置了大、小、厚、薄不一的坐墊，提供入室沉思、冥想者自由選用。室內光線適中，有隔音空調設備，令人感覺乾淨宜人，真是靜思的好地方！

參觀到了大樓的後方，全部都是提供運動的設施。有可以晨跑、慢跑、競走的標準運動場，有藍球場、網球場、躲避球場、羽毛球場，……，有健身的單槓、雙槓、鞦韆、爬桿、跳遠的沙坑、小型的山訓等等的設施，可以說一應俱全。

參觀完一切的環境設施後，宇宙博士一行人無不稱讚設施的完備周到！

在這個時候，休息的鐘聲響了，師享部長對大家說：

「上午第一次休息時間到了，請大家先作休息，等一下咱們再作進一步的互相介紹認識吧！」

休息過後，大家進入會場坐定，師享部長就開始為大家介紹部署。

首先，師享部長向大家說：

「人類文化的總源頭在思想。思想就是一切的語言、文字和語言、文字的增加和減少。如果人類沒有思想的運作，就不會產生文化，有可能像平日看到的動物那樣，只用一些簡單的叫聲和身體語言和同伴溝通，這樣的話，自然不會形成進步的文明，包括飲食、衣冠、建築、交通、教育、娛樂等等，各方面的文化。」

師部長解釋說：

「思想就是既定的想法、看法、見解、概念；所以，想法、看法、見解、概念都是思想的別名。」

師部長繼續說：「本部目前包括了十二個署和署下九個局的單位。請服務人員把印好的『心國文化部分署與署下分局明細表』分發給大家，作為說明參考。」

於是在場的工作人員，就把文件依序分給每一個人。

大家看到的「心國文化部分署與署下分局明細表」是這樣的：

心國文化部分署與署下分局明細表

一、教育署。

署長施嬌玉小姐

二、定論署。

署長游丁倫先生

三、不定論署。

署長卜汀淪先生

四、分別署。

署長游芬蓓女士

1、選擇局。

局長單宣澤先生
2、四種幻相局。
局長釋鍾鐶香女士
五、比較署。
署長周必嬌女士
1、羨慕、模仿局。
局長端木磨坊先生
2、佩服模範、崇拜偶像、權勢局。
局長費福先生
3、嫉妒局。
局長常基度先生
六、執著署。
署長曾之卓先生
七、慾望署。
署長喻汪舵先生

八、依賴署。

署長易來仁先生

九、傳統署。

署長鄒川通先生

十、時間、過程署。

署長時箇幗娠女士

1、因果、輪迴局。

局長殷郭倫蕙女士

十一、真愛署。

署長尤珍艾女士

十二、自然署。

署長郝志冉先生

1、無常局。

局長鄭巫婦女士

2、無為局。

局長巫維先生

3、活在當下局。

局長蔡檔匣先生

師享部長說：「現在諸位手上都有一張『心國文化部分署與署下分局明細表』，咱們就根據表上的秩序逐一介紹各署長、局長給大家認識。」

首先介紹教育署署長施嬌玉小姐。只見施嬌玉署長嬌小玲瓏，個子雖然不高，但是因為身材不胖，穿著米色緣邊的時下祺袍，看起來並不感覺矮；電一頭時髦短髮，眉目清秀配有櫻桃小口，面如白玉加上小酒渦，在微笑著向大家問好的時候，就好像臉上一下子開了兩朵美麗的小白花。

師享部長讚美施署長說：

「施署長雖然年紀輕輕，還沒結婚就當上署長，是有相當感人的努力奮鬥歷程的。」

第二位介紹定論署署長游丁倫先生。只見游丁倫署長高個子又清瘦，猛然看到，有身如鐵柱的印象，紳士裝扮電一頭短捲髮，眉目呆滯、高尖鼻子配著近視眼鏡，長臉加上法令紋深得把嘴逼窄了，十分神似漫畫「淘氣的阿丹」裡面阿丹的爸爸。

想不到師享部長也這樣說：

「游署長不但體型像淘氣阿丹的爸爸，從前當老師的時候，也有很多像阿丹爸爸類似的遭遇！」

第三位介紹不定論署署長卜汀淪先生。大家看到的卜汀淪署長，是一位不折不扣的胖子，頭臉部呈稜形頭頂與下巴比較小，耳朵顴骨特別突出，體型也是如此，肚臍腹部最大……，給人的第一個印象就是日本相撲選手。

介紹後，師亨部長也這樣說：「還真的有不少人問過卜署長：『請問……是不是日本來的相撲明星？』，『可以跟我們合照嗎？』」

第四位介紹給大家認識的，是分別署署長游芬蓓女士。眼前的游芬蓓署長給人的視覺是標準美女，與電視裡當紅的幾個有名的大美女相同，有姣好的身材，多一公斤太胖，少一公斤太瘦的情況，皮膚的白裡透紅、晶瑩剔透，真是無與倫比！如此美女來當署長，讓人覺得有人與位不相稱的遺憾！

介紹後，游芬蓓署長自己也說：

「有時候，同事或者是親戚朋友，甚至陌生人突如其來的問：『×大美人，可以為我們簽名嗎？』，或者問：『芬蓓，為什麼不去參加選××小姐？』，或者問：『芬蓓，拍電影應該更適合你！』真是既尷尬又難以回應！」

接著，師享部長請游芬蓓署長介紹署下的局長。

游芬蓓署長介紹署下第一位選擇局局長單宣澤先生，給大家認識。單宣澤局長可以說剛好與分別署游芬蓓署長相對稱，署長是標準美女，局長是標準帥哥！游芬蓓署長在介紹之後，也笑得很甜的說了一段單宣澤局長的故事：

「單局長的故事，不會比本人少。要求簽名的啦，留紙條約吃飯的啦，倒追投懷送抱的啦，媒婆不斷上門干擾啦，歐吉桑、歐巴桑突然造訪找女婿的啦，數都數不完！這是署局裡面大家都知道的啦！」聽了游署長如此說的單局長，很有紳士風度的回應說：

「想不到署長對署員瞭解得這麼透徹！」

緊接著，游芬蓓署長介紹第二位四種幻相局局長釋鍾鐶香女士。看到釋鍾局長後的第一個形容詞就是：『滿臉縐紋的老嫗。』是的，頭髮蒼白，但梳得整齊有緻，結一個祖母髻在後腦，看起來還蠻清爽的；身材雖然矮了一點，臉上縐紋也多了點，眉目也還炯炯有神，說話也十分清脆明白的。

分別署游芬蓓署長介紹完署下兩位局長後，把介紹工作還給師部長。

師部長介紹的第五位是比較署署長周必嬌女士。周必嬌署長中等身材，體型妖艷，濃眉大目在長型臉上，顯得特別有力，鼻子和嘴巴卻不大不小，倒配合得剛剛好！一頭龐大髮型的設計，看出了設計師的功力；把劉海幾乎都蓋了起來，剛好把頭部與體型圓滿搭配，看起來相當嬌嬈動人！尤其是那響亮的問好語氣，令人不得不驚訝造化的不可思議！

一樣，師享部長也請周必嬌署長介紹署下的局長。

周必嬌署長介紹的第一位是羨慕、模仿局局長端木磨坊先生。端木局長人高馬大，手腳、五官，都比一般人粗大，而且講話的聲音，也比別人分貝高，讓人感覺像巨人！讓人聽後記憶深刻，很難忘得了！

之後，周必嬌署長介紹的第二位是佩服模範、崇拜偶像、權勢局局長費福先生。費福局長正好與端木磨坊局長長相相反，人矮個子，手腳、五官，都比一般人細小，有點像故事白雪公主裡面的小矮人。更特殊的是講話的聲音，小得讓人感覺聽不太清楚。

接下來，周必嬌署長介紹的第三位是嫉妒局局長常基度先生。看到常基度局長，大家馬上不約而同「哇……」的長聲驚叫說：「怎麼長得如此不搭調？」頭髮不長，但是好亂，五官的長相，怎麼看都不搭配，耳朵招風、眉尾下垂、眼睛小而無光、鼻子小卻鼻孔照人，下面是雙角下垂的闊嘴；說話的語氣，讓人聽了起雞皮疙瘩，類似電視劇演太監、公公的那種娘娘腔。同時，站立的時候，總是向一邊傾斜。

比較署周必嬌署長介紹完署下三位局長後，把介紹工作還給師部長。

師部長介紹的第六位是執著署署長曾之卓先生。剛剛咱們看到選擇局局長單宣澤先生是帥哥，眼前的則是一位俊男。俊男與帥哥有什麼不同呢？去問三十歲以上的女生，回答幾乎都是：「成熟、穩重，看起來充滿安全感，就是人見人愛吧！」

師部長介紹的第七位是慾望署署長喻汪舵先生。喻汪舵署長讓人一看就有驕縱做作的印象：衣服打扮真的可以跟明星相媲美，臉上也掩蓋不住化妝的痕跡，特別是那被光照到的反射；還有穿耳洞、戴耳環、戴男人項鍊等等，都是證據。

師部長介紹的第八位是依賴署署長易來仁先生。易來仁署長給人的感覺就是人家說的發福、矮胖；而且四肢顯得特別短，脖子幾乎看不見。不過，與不定論署卜汀淪署長相較之下，就只能稱為小胖了。

師部長介紹的第九位是傳統署署長鄒川通先生。看到鄒川通署長，就好像看到古代私塾的老學究。頭髮斑白，老花眼鏡虛掛鼻樑，不時用手去整理眼鏡，說話沙啞無力又不斷重複，光是問候大家好，就重複兩次！

師部長介紹的第十位是時間、過程署署長時簡幗娠女士。時簡幗娠署長身高約一五五，體態微胖；中年婦女，不但給人成熟、穩重的感覺，還散發著一股讓人感到親切、吸引人的力量。

師部長又請時簡幗娠署長介紹署下局長。

時簡幗娠署長就介紹署下唯一一位因果、輪迴局局長殷郭倫蕙女士。殷郭倫蕙局長一樣是中年婦女，但是身高在一八零以上，加上穿緊身祺袍，如果與之近距離對話，真讓人有一點面對泰山的感覺！

之後，師部長介紹的第十一位是真愛署署長尤珍艾女士。尤珍艾署長看起來約三十歲，身材與分別署游芬蓓署長幾乎一樣美，但是，給人的印象和氣質神韻卻完全不同。只要看到人，馬上就可以感受到迎面而來的喜氣、笑容、親切、關愛，自自然然的散發過來，一股任誰都無法抗拒的真實情感！

師部長介紹的第十二位是自然署署長郝志冉先生。郝志冉署長三十來歲，身高一七零，體型適中，不胖不瘦；頭髮略長，滿臉黑鬍子，但臉色卻像小孩子一樣，紅通通的；說起話來，更令人意外，就像小男孩的聲音！

接著，師享部長打趣說：「有請童聲署長，介紹署下人員！」

郝志冉署長毫不介意，滿面笑容的動著長鬍子，介紹第一位署下無常局局長鄭巫嫦女士。鄭巫嫦局長的特徵是長型臉，身材卻不高，有頭部與身體不搭配的奇怪現象。

頭髮稀少焦黃，額頭高聳，眼睛、鼻子明顯低陷，下巴也長而戽斗；說話的聲音陰沈輕細，猛然聽到，有可能被嚇一跳。

郝志冉署長再介紹第二位署下是無為局局長巫維先生。看到巫維局長後，很難不直接想到森林裡面的巨人泰山，體型雖然很像羨慕、模仿局端木磨坊局長，稍加注意就發現十分不同。不一樣的地方是巫維局長身材高聳，肌肉結實有勁，衣服穿得不多，卻給人精神抖擻、神氣活現的感覺，從眼神閃動快、講話也快看來，也給人行動快速的預感。

郝志冉署長介紹第三位署下是活在當下局局長蔡檔匣先生。蔡檔匣局長五十多歲，身高約到一六五，身材沒有變樣，頭髮烏黑不白，但是五官非常平凡，沒有半點值得一提的，但是蔡局長與人對話的反應，卻是一流的，只要有過接觸，必然為這種快速反應，印象深刻，並感到不可思議！

師享部長好不容易將所有的部署，介紹給大家。然後又說明用意：

「因為各署、局都有自己的專精，研討會研討到那裡，就請署、局長出來主持探討。——現在，請宇宙博士也介紹貴賓！」

於是，宇宙博士站起來介紹幾位專家教授，給大家認識：

第一位是歷史故事專業老師蔣顧世先生。蔣老師專門研究歷史故事和其它故事，是講故事的專家。

第二位是人類行為學者辛冠茶教授。辛教授對人類一切的行為，有非常深入的研究，博士學位。

第三位是社會心理學者李德清教授。李教授對社會一切人物的心理，有獨到的瞭解，也是博士學位。

第四位是兩性行為學者鍾史菜北（女士）教授。鍾史教授對男女兩性心理、生理、行為都有專門的瞭解，是一位醫學碩士。

第五位是宗教哲學學者余敦務教授。余教授一生都在研究世界的宗教、哲學，不但深入宗教、並且親身體驗宗教；博士學位。

第六位是物理科學學者吳李蚵偕（女士）教授。吳李教授對物理、地理、科學都有特殊研究，也是博士學位。

第七位遺傳基因學者余姬英教授。余姬英教授對人類的遺傳基因醫學，有多年臨床實驗、實際驗證。也是博士。

第八位小記者。小記者只是對心靈深層探討有濃厚興趣的一般人，自願跟團隨行，以記錄整個「心」國心靈研討會的一切經過，以及所有內容。

介紹完教授、記者以後，宇宙博士說：

「除了資深教授和記者，其餘的都是對心靈、宗教有興趣、想要深入探討的大學、專科、高中學生，因為人數眾多，就不一一介紹，就請參加研討發言的時候，再作簡單的自己介紹吧！同學們同意嗎？」

學生們齊聲回答：「同意！」

之後，師亨部長宣布說：「從大家見面到認識環境，到現在大家彼此幾乎都互相認識了。咱們先作上午第二次休息，讓大家辦好三、四、五樓的住宿，接下來鐘響，才正式進行心靈研討會。」

休息過後，師亨部長宣布心靈研討會正式開始。

宇宙博士站起來向大家提出建議說：

「探討心靈，觀察心靈的深處，必須先瞭解心和認識心的眼睛。所以，咱們就從認識心和心眼開始吧！——至於之前，個人講的故事和認識『心眼』，進入『心』國的部分，各位可以影印小記者的記錄稿。——故事是說小和尚的心，因為疏忽，看不到心細微的地方。咱們的討論就從這裡繼續。」

小記者因為想到自己本身，在童年發生的一個「心」疏忽的故事。於是馬上站起來，說故事證明宇宙博士講心的疏忽是事實。以下是小記者的童年故事：

蘿蔔乾泡湯了！

小記者約在十歲左右的時候，有一次被母親罵得十分慘，原因就在心的疏忽。

那個時候是農業社會，食物都要靠自己種，自己製作。而小孩子就很自然的成為大人們的各種助手。所以舉凡踏滷鹹菜、晒鹹菜乾、蘿蔔乾、菜豆乾、綠豆、竹筍乾的事，幾乎全部落在小孩子的身上。

這一天，因為一早就出門去為耕牛準備草料，所以就由母親自己去晒穀埕晒蘿蔔乾。在接近中午時分，小記者挑著草料回家的路上，忽然間烏雲密佈，肯定要下一陣傾盆西北雨，為了避雨，於是加快腳步趕路回家，就因為跑太匆促，在經過晒穀埕的時候，竟然沒有發現母親晒在那裡的蘿蔔乾，蘿蔔乾也就這樣的泡了湯。

當母親也因為下雨，而不能繼續從事山上工作，回家發現蘿蔔乾被淋濕的時候，暴跳如雷的罵聲，有如大軍壓境，逼得小記者只能說：

「對不起！媽，因為下雨跑太快，沒有看到……」

母親還是不放過，繼續的罵著：

「……眼睛又不是有問題！怎麼會經過那裡，明明就晒在那裡的蘿蔔乾，還說沒有看到，……。」

小記者就像小和尚一樣，沒有懂得心眼觀察，所以疏忽被罵。其實在了解心眼觀察之前，心的疏忽事故，多得數不清，只是蘿蔔乾泡湯這一件最特別，才會沒有在記憶裡消失。

◆ ◆ ◆

小記者故事說完，大家都鼓掌鼓勵。接著，宇宙博士說：

「相信大家一定有類似小記者所說這樣的例子，不仿說出來提供參考。」

傳曉心同學介紹自己，然後說：

「不小心、疏忽的事太多了，說也說不完，譬如在擁擠的公車上，就曾經不小心踏到別人的腳，在被罵的時候，雖然連聲說對不起，那種糗和尷尬真難形容！」

吳野同學接著介紹自己，然後說：「對呀！個人也經常犯同樣的毛病！」

鄭殊乎同學也先介紹自己，然後說：

「參加演唱會的時候，在瘋狂的和唱和舞、擠來擠去的忘我過程中，錢包不知不覺的就被扒走了，讓一場十足的歡樂，卻留下了美中不足的遺憾！」

戴崇富同學先介紹自己，然後說：

「鄭同學說的沒錯，個人也是錢包被偷好幾次，每一次聽到這種事，都難免：哎呀呀！又是錢包被偷了！這些小偷……太過分了！」

鄭島梅同學先介紹自己，然後接著說：

「個人覺得自己已經夠倒霉的啦！因為每次經過運動場，幾乎都被天外飛來的球，打中而嚇了一跳！想不到戴同學更糟糕！」

卓佳士同學先介紹自己，然後說：

「可不是嗎？疏忽真會捉弄人，有時候讓人覺得笑不是、哭也不是；個人在替媽媽做家事洗碗時，碗沒放穩固，掉在地上全打破了，結果不但沒有得到半句鼓勵，反而受到媽媽的一陣數落！」

這時候，宇宙博士加入討論說：

「是啊！電視新聞中，有很多的事故、車禍，莫不是心的疏忽造成的，所以小記者才在這裡，特別提出來提醒大家。」

此時，教育署施嬌玉署長加入說：

「一般人疏忽自己的心，當然是因為教育沒有這樣的課程，因而沒有辦法接觸到這種學問，所以心都很雜亂，遇到事故，心就慌亂無主，到處去求神佑、抱佛腳。個人這邊有這一類的電視節目，可以用投影機放給大家作參考。——請面向南方坐的人，把椅子轉向北方，就可以看了！」

接下來，施署長請工作人員，放這一段電視節目，節目名稱叫做：「人類知覺反應的測試」。

◆　◆　◆

在道路的人行道上的一半邊，抹上未乾水泥，其入出口處，只鋪上幾張寫著「水泥未乾，請勿踐踏」的一般報紙，看看在此經過的人，有多少人發現水泥未乾。

有一位阿公牽著小孫子經過這裡。阿公走抹水泥的一邊，孫子走沒有水泥的一邊，孫子年紀小視野近，走到濕水泥以前，看到報紙就向阿公說：「阿公，前面地上有報紙，報紙上還有寫字耶！」

阿公：「喔！」一聲往地上一看，看到了報紙和新抹的水泥，於是走過孫子這一邊來，避過了未乾水泥。

跟在阿公後面的年輕人，因為前面阿公走路慢正想超過阿公，當阿公走過孫子這邊把路空出來時，馬上快步往前走去，走不到幾步，就感覺到路有問題，仔細往腳下一看，這才發現鞋子已經淺陷在濕水泥當中，鞋面、褲管都弄髒了；年輕人一面走出水泥，一面習慣性的罵了一句三字經，然後從褲袋中取出了衛生紙，走到路邊去擦拭皮鞋和褲管。

過了一會兒，又來了幾位中年婦女，一路上滿口東家長、西家短外加手式的聊著過來，一下子，走在抹水泥那邊的和中央的兩個人，同時驚呼：「哎唷！怎麼會這樣，抹新水泥沒有把路擋起來……」一面抱怨，一面從濕水泥地走出來。

接著是一群幼稚園的小朋友，由老師帶著走過來，本來老師在前面帶路，後來老師又為了照顧落後的小朋友，變成落在後面走。小朋友人數一多，走起路來就難免疏忽了，結果也一下子，就有好幾個小朋友踏進了未乾水泥，弄髒了鞋子和襪子，其中有一個小朋友還不小心，被放置的報紙拌倒在地哭出來了，老師聽到哭聲，飛快的跑過來，急著扶起跌倒的小朋友，帶到沒有水泥的地方，然後發令說：

「各位小朋友，大家暫時停下來不要向前走，等老師一下。」

然後把弄髒鞋子、衣服的小朋友全部打理乾淨，之後站在抹水泥路面的入口處，指揮小朋友，一一繞道，慢慢通過。

◆　◆　◆

一小段電視節目看完，施署長對大家說：

「對不起！請各位把椅子再轉回來。——電視節目的目的，就是要告訴人們，隨時隨地注意自己身邊所有正在發生的事，也就是宇宙博士說的「心眼」運用。」

宇宙博士接著說：「經過小記者和同學們的描述，再加上電視節目的測試，大家已經確實的看到了自己的心，真的很容易疏忽。」

接著，宗教哲學學者余敦務教授說：「打鐵趁熱，接下來就讓個人講一個有關的故事！」以下是故事內容：

假設心眼

有一個故事，說有兩位很要好的和尚，為了方便彼此照應，就一起結伴出去雲遊四方，尋求開悟。

經歷了很多年的千里跋涉和披星戴月的辛勞，其中一位，卻不幸的病死在異地，另一位和尚把同伴的遺體火葬後，無奈又孤獨的懷著失望，回到了故鄉年輕時出家的寺廟，……。故事的經過，相當令人感動和感嘆！

有一天，這位回鄉的老和尚，偶然的在一本經書上看到了一句相見恨晚的話：「佛在靈山莫遠求」。

這句話讓老和尚的心為之一震！這靈山，竟然莫遠求？難怪自己遠去參拜過這麼多的靈山，經歷了多少的幾步跪、幾步拜的朝山苦行，還是得不到什麼結果了。

「這靈山不在遠方，會在那裡呢？」就是老和尚心中的疑問，「會不會就在自己身上呢？」老和尚用這樣的話問自己。

余敦務教授說到這裡，為老和尚和心眼作了下面的假設：

「不知道『佛在靈山莫遠求』的下一句，是不是『且在靈山塔中修』？假設靈山塔就在自己的心眼、就是自己的心眼的話，大家認為呢？因為只有心眼當下看清楚，當下選擇，才是一切的源頭、一切的轉折呀！」

當余教授正在為心眼作假設的同時，專門研究電腦銀幕的胡英俊同學站起來介紹自己，然後發表意見說，銀幕本身是最像心眼和自由自在的心。宇宙博士就說：

「好，大家就來聽胡同學怎麼說？胡同學，請！」胡同學說：

「暫且讓胡某某當一下銀幕，來一個銀幕的自述。」

銀幕的自述

在下的名字叫銀幕，雖然只是幾匹白布做成的，但是在電影院裡面，卻是眾人目光的焦點。因為有了在下，喜劇笑出哄堂喝彩、悲劇哭得昏天暗地、愛情在最後終於圓滿完成、文爭有了法院、武鬥有了戰場；讓一部電影，瘋狂賣座成為事實，得到多項的奧斯卡金像獎；讓影片裡的男女主角，因為在下的幫忙，通通成了有名的英雄。

電視機、電腦的顯示幕，就是在下的突變子孫。雖然彼此間的基因不完全相同，但，一切的功能和服務態度是毫不遜色的。不管任何節目，在這裡都展現得淋漓盡致，一如現場。

以上所述，就是在下的心眼觀察功能。最重要的是，在下擁有人類所沒有的特點，那就是在任何劇情終了之後，在下的心仍然是空的，什麼都沒有留下，不加記住任何的劇情，也不曾批判任何劇情。就像一面明鏡一樣，清楚照出一切的物體，物體走了，鏡明依舊，不曾留下半點影像；明鏡徹底照見一切事物，對事物沒有任何批判，有如船走了以後的港口，不曾留下半點船的痕跡。

「人心的解除困擾與否的關鍵，是不是可以建立在心的眼睛？」就是在下所提出來的問題。假設在下銀幕，就是心的眼睛，看到了種種想法內容以後，非常明瞭想法內容對人類毫無益處，因為徹底了解而自然的把想法淨空掉，就像台北市所實施的十字路口車輛淨空，路口淨空的話，在綠燈亮時，對交通的幫助很大；想法淨空也一樣，當使用它的時候，因為心靈的觸鬚靈敏，它的反應是暢快又敏捷；也就是用到它它立即出現，清明又順暢，不用它它就休息，寧靜又自在！

所以在下銀幕建議：「用心眼，去顯示，去看清楚，當作自己每天生活中最重要的一件事，然後採行淨空、休息、水無痕的智慧。」

◆　◆　◆

胡同學說完以後，宇宙博士接著贊許說：

「經過銀幕的自述，可以知道胡同學確實是具備著很高的智慧，具有能夠察微知著的心眼，和一顆活潑自在的心。」說完鼓掌鼓勵，大家也跟著熱烈鼓掌。

胡同學謙虛的說：「那裡，那裡！不敢當，不敢當！」

秩序的開端

之後，宗教哲學學者余敦務教授站起來，走到身後的銀幕按鈕，按下，把白色銀幕捲了起來，下面出現的是黑板。余教授在黑板上寫了「秩序」兩個大字，又在字旁邊畫了一扇關著的門，然後在門的中間敲了幾下說：

「對不起！又請大家轉椅子了！——敲門是秩序的母親。有了敲門這位不錯的母親，確實讓人類避免了不少的尷尬和失禮。秩序就是敲門的俊兒子，各位看，社會有了秩序，就不會亂七八糟，到處和樂融融！」余教授用右手食指，指向額頭中心，接著閉上雙眼，眉間緊結，然後忽然快速睜眼揚目，滿面笑容的說：

「心眼就是秩序的別號，它看清楚，不會產生批判，能夠給人類真愛、真美、良善、美德。」余教授又進一步作解釋：

「心眼也是一位武俠重要角色快刀，快刀的絕招就是『斬亂麻』，這一招，可以立刻斬除想法的亂絮紛飛，讓心顯現條理井然，讓心有秩序、自由自在！」

賈聰明同學加入討論說：「從古書常用『亂了方寸、方寸大亂』的句子，咱們可以假設：古人用『方寸』這兩個字，比喻心嗎？」

鄭充尹同學聽了馬上接著問：「那『方寸』的眼睛，會不會就是心眼呢？」

賈聰明卻反問說：「鄭同學的意思是說：『心眼看清楚的時候，方寸有序，心眼被遮蓋住，就會方寸大亂？』」

鄭充尹答：「是啊！時常看到一些人做事情有很多想法……定論，乃至需要很多時間……過程，顯然把秩序變成了程序，於是造成了混亂，產生了失序。所以才需要心眼看清混亂，進入真正的秩序。」

討論到這裡，余教授就走回座位。接著專門研究冰箱的張開明同學也站起來，介紹自己後，說也要來一段「冰箱的自述」：

冰箱的自述

在下的名字叫冰箱，是當今社會的紅人，也是大家最貼心的好朋友！

在下是家庭服務的尖兵，家家戶戶的人都需要在下的幫忙，都喜歡在下的服務，都認同在下的能力，再多生鮮蔬果、飲料牛奶、吃不完的飯菜，全部都給保存好好的，毫無問題。

如果在下那一天生病了，主人可就要著急了，非得馬上請電器師來修理不可，因為沒有在下的保鮮，冰箱裡的東西不出兩天，全部都壞光了。所以在下身份和地位，是不言而喻了。

在下是一台新冷媒電腦ＩＣ自動控制、自動除霜再加奈米除臭的冰箱。新冷媒ＩＣ自控除霜冰箱，是現代科技的結晶；新冷媒合乎地球環保標準，電腦ＩＣ自控除霜設計，合乎現代人生活須求。電腦自動設定一者省電，冷卻壓縮機和除霜風扇，在冰箱室溫不夠冷的時候才運轉用電，冰箱室溫夠冷的時候就休息不用電；二者省時間，主人不必在工作很忙又很累的情況下，還要為冰箱除霜、除臭而煩惱。

在下發現：電腦ＩＣ自動裝置就是人類的「心眼秩序」。有了心眼的認識，隨時在看著、隨時在看清楚——清楚到連夢都不做了。在冰箱室溫不夠冷的時候，才運轉用電，就如同生活上真正需要時，心才運作；在冰箱室溫夠冷的時候就休息，生活上不需要時，心選擇行、住、坐、臥歸入當下：休息、回歸自然。

◆　◆　◆

張同學說完，宇宙博士讚美說：「張同學：冰箱先生說的對極了！大家可以跟著它進入『心眼秩序』清楚明白的選擇當下：休息，自然。」

接著，師享部長加入說：「其實張同學說的：心眼清楚明白的選擇當下：休息，自然。就是本部最後一個自然署的署下活在當下局的專門業務，所以請活在當下局蔡檔匣局長，先在這裡為大家解釋。」

當下

於是蔡檔匣局長就站起來向大家致意，然後介紹「當下」：

「『當下』就是肉眼、心眼看到、聽到，同時心一併知道的當前一剎那、一剎那的選擇：『如如不動』。『如如不動』的當下心眼，不存在時間、不使用思想，是最真實的至樂。這『如如不動』，就是銀幕先生講的淨空、休息、水無痕，冰箱先生講的休息、回歸自然。」

郝奇新同學先介紹自己後，當下問蔡局長：「心眼看清楚思想的一剎那，『如如不動』為什麼？不使用思想，也能快樂嗎？」

蔡局長回答：「心眼看清楚的智慧會了解：『不動』才不是思想，才沒有思想的一切傷害，才能自然顯現人類原本的真愛。只要一動批判，就立刻掉到思想的陷阱裡面去了。所以不用思想，就沒有思想造成的一切傷害，在沒有任何傷害的地方，自然就有真愛，真愛難道不是真實的至樂嗎？」

蔡局長繼續說：「人心多數迷失在思想的語言、文字的生動、醜陋裡面，跟著思想快樂，跟著思想苦惱，當事人自己，卻一點點也沒有發覺到，所以才在這裡傳達使用心眼，來徹底看清楚：

『什麼是思想的概念，什麼是真正的真相？』這樣的『當下』。」

接著，蔡局長正要利用故事，來作輔助證明，師享部長用兩手打一個T的手勢，請蔡署長停止，然後鼓掌鼓勵發言的人，大家也跟著熱烈鼓掌。之後，師部長宣布上午第三次休息，吃午餐。

下午一點，大家準時進入會場之後，師部長說：

「請繼續『當下』的探討吧！咱們就請歷史故事專業蔣老師，說幾個有關的故事，來為研討加一點新鮮的配料好嗎？」

蔣顧世老師回答說：「當然，當然！」以下是故事內容：

故事一、脫衣划船

時間回到楚漢相爭的時候。

楚營裡的一個甲部將，跟隨楚霸王征戰了很多年，一直都沒有被重視、升官的機會。這一天，甲部將決心離開楚軍，改投漢軍，試試運氣。

決定以後的甲部將，偷偷的離開了楚軍營區，抄小路翻山越嶺來到河邊，好不容易找到了渡船，講妥價碼上了船。因為一切事都是在秘密情況下進行，所以甲部將在船上心眼觀察事物也就特別敏感，非常注意船夫的一舉一動。結果竟然發現船夫的眼神從飄忽不定，而逐漸顯露兇光，頓時之間，船上氣氛緊張了起來，因為船夫有立刻動手殺人奪財的意圖。

事實的確像甲部將觀察的一樣，船夫根據來人儀容舉止，斷定是從楚軍逃跑的，既然是偷跑，身上一定隱藏著貴重財物，所以，正在想要如何下手謀財害命？

甲部將此時心中靈光一閃，即刻有了應付之法：「應該馬上脫掉幾件外衣，讓對方看出身上並沒有什麼財物，才是解危的好方法。」於是甲部將一面把衣服一件一件脫掉，一面笑容可掬的對船夫說：「喔！天氣好悶熱啊…」然後走到船夫旁邊去，找話題聊天，並且表明願意幫忙划船。殺機果然在甲部將的當下行動中，很自然的解除了。

故事二、想砍樹又留樹

故事發生在戰國時代的齊國。

當時齊國的宰相，正在秘進行謀反，行動的一部分是先瞭解朝中大夫的底細。

這一天，宰相想了解甲大夫這個人，就藉故派人去請甲大夫到宰相府來議事。等甲大夫到了相府，又故意將大夫帶上了相府中的瞭望台來參觀眺望。這時候，甲大夫發現瞭望台的三面，視野都很好，另一面則被鄰居的大樹給擋住視線，那棵大樹正是自己家庭院的，可是，相爺並沒有談到瞭望台視線的事。

議事完畢回家以後的甲大夫，因為自家大樹遮住了相爺家的瞭望台，覺得很不好意思，就叫家丁來伐樹。但是當家丁剛剛砍了一斧，甲大夫卻忽然喊停，認為這個時候砍樹是不妥當的。

家丁問主人為什麼忽然猶豫不決了？

甲大夫沉思著說：

「本來是想砍的，不過忽然想起了古人的一句話：『不窺視別人心事，才不會有無謂的煩惱！』，今天跟相爺一起上瞭望台，說不定相爺是在刺探下屬的底細？在這個節骨眼上，如果貿然的把樹砍掉，不就等於把相爺的心事看得一清二楚嗎？這是何等危險的事啊！所以，不可伐樹、不可伐樹啊！」

◆　◆　◆

蔣老師說完故事，又說：

「這是甲大夫心眼當下看清做出的選擇。從事後宰相不再關心、注意甲大夫的態度來看，甲大夫的選擇果然是正確的。」

故事講完後，文倜多同學先介紹自己，然後提出疑問：「同樣是心眼當下的看清、選擇，第一和第二故事做完全相反的選擇，一個知道人家的心事，不怕對方識破，一個同樣知道人家的心事，卻怕對方識破，這是什麼原故？」

蔣老師簡單解釋：「凡是作選擇，必須讓所有的人，都得到自由、平等、真愛，也就是完全沒有後遺症。如果還不是很明白，那就請聽下一個故事吧！」

故事二、錯誤的選擇

三國時代，曹操在漢中打劉備的時候，有一段時間，情勢不好，沒辦法進攻，採取守勢的話，又和自己平日標榜的：「大丈夫應該多多建立功績」互相抵觸，正卡在進退維谷的情境當中。

一天，曹操正在苦思對策的時候，剛好廚師送雞湯來，曹操喝了幾口湯之後，看見碗底剩下的雞肋，心中百感交集。就在這個時候，護軍進來請領晚上的口令，曹操的心正被雞肋感動著，就決定以這兩個字作為口令。對於『雞肋』口令的用意，一般的士兵將官，都不知道是什麼意思？只有主簿楊修先生，看出了曹操的心意，就私底下秘密告訴自己的屬下士兵，收拾行囊準備回家。護軍巡視營區，發現了楊主簿屬下的行為，馬上跑來問楊修先生：

「主簿先生的部屬們，為什麼都在打包收拾行裝呢？」

楊修說：「以今天晚上的口令，就知道魏王就要退兵了。因為『雞肋』啃不到什麼肉，丟掉又覺得可惜的話，就是目前卡住的處境：進攻、防守兩不是。既然這樣，退兵當然是最好的選擇！」

護軍聽了楊主簿的解釋，認為並沒有錯，所以也回營叫自己的屬下整裝待歸。

曹操因為鬱卒的現況，焦燥不安到不能睡覺，於是就起來巡視營區，當走到護軍的營帳，發現兵士都在收拾行囊，心中大吃一驚！馬上召護軍來問個清楚，護軍據實的回答說：「主簿楊修以今晚『雞肋』口令，猜想大王就要回去，所以才會收拾行囊。」

曹操就叫楊修來問，楊修也以「雞肋」的意思是這樣作回答。曹操頓時勃然大怒的罵道：「閣下身為主簿，竟然私自製造謠言，嚴重擾亂自家軍紀！這個玩笑，未免開得太過火了！」一罵完就喝令刀斧手，把楊修推出斬首，並將首級示眾。

曹操的個性，最忌諱部屬知道心事，但是主簿楊修，卻一而再、再而三的犯大忌，在曹操苦無正當藉口，可以將楊修定罪的時候，今晚，楊修又自己找上門來，曹操就順水推舟，不再原諒了！

◆　◆　◆

故事說完，蔣老師又加一句：「這就是當下做選擇的重重當頭一棒！可知當下選擇是何等的重要！」講完，大家熱烈的鼓掌，感謝蔣老師三個貼切的故事！

接著，宇宙博士說：「個人這裡，也有一個適當的故事，請大家聽一聽！」

虎頭寨主和明心和尚

這一天，大寶和二寶兩位和尚路過虎頭山白虎林，被一群持刀的大漢攔住去路。為首的黑衣人，以刀阻路，大聲的說：

「此山咱們在，此路咱們開，要在這裡過，留下買路財！」

大寶和尚雙手一拱，滿臉笑容的說：

「諸位施主，請行行方便，出家人不打妄語，出家人身上沒有帶銀子。」

「沒有銀子？沒有銀子就甭想過去！」其中一位黑衣人說。

這時候，二寶也拱手道：「出家人身上真的沒有帶銀子，請各位施主多多包涵，多多包涵！」

「不行！」黑衣頭子大聲的命令：「把你們的包袱都丟過來，讓我們看看是不是事實？」

兩位和尚無奈的各自把包袱拋到黑衣人腳下，黑衣人就將包袱打開檢查，裡面有一些換洗的衣服、吃飯用的缽、經書，翻了幾次，都沒有發現值錢的物品。

「對不起！」頭子說：「寨主有命令，沒有金錢或物品的人，必須去見寨主。走，見寨主去！」兩位和尚沒有辦法，拾起包袱，被帶進了山寨。

到了山寨，進入虎帳，只見帳中央的虎皮座上，坐著一位彪形大漢，虎背熊腰、劍眉炯目、高挺蒜鼻、鬍鬚滿腮，身穿錦袍的人。黑衣頭子向其拱手說：

「稟寨主，這兩個和尚身無分文，要求過路，請寨主定奪！」

寨主開口，聲如破鑼：「打那兒來的和尚？不懂規矩，沒有銀子也想過去？」

大寶先拱手作禮，然後回答：

「出家人是兄弟，一起出家，一起外出雲遊四海，來到貴地，聽說此去五里路的大梵寺，有一位明心和尚，道行高深，特來歸其門下。臨來匆促，沒能知道虎頭山的規矩，敬請鑒諒！」

只聽破鑼聲又起：「又是明心和尚！最近經過虎頭山的人，老幼婦孺、書生商賈口中傳說的都是這個人，本寨主倒要去大梵寺看看，所謂的明心，到底有什麼能耐？好，今天就不追究兩位的禮貌了，只要為本寨主帶路就可以了。」

於是帶了十個武裝部屬、武器，跟著兩個和尚，一起往大梵寺來。

到了大梵寺，明心和尚與接見任何人一樣，接見了虎頭寨主。

虎頭寨主不等和尚開口，毫不客氣的劈頭就說：

「在最近經過虎頭山的人口中，和尚的名氣顯然多於本寨主，聽大家的口氣，都認為和尚的智慧，勝過任何一般人，甚至可以勝過武力！所以本人今天來，就是想得到確定。」

明心和尚默默的不答話。破鑼嗓子繼續說：

「怎麼，害怕不敢出聲是嗎？」

明心和尚還是沒有說話，閉著眼睛，好像已經入定了。

虎頭寨主見狀，便加大嗓門，打雷似的說：「現在看來，傳說中的和尚智慧，只是傳說而已了？依本人看，人們並不需要什麼和尚智慧，大家想想，虎頭寨只用刀子和武力，來往的人就變智慧了不是嗎？全部路過白虎林的，看到刀子就聰明的給銀子，只要給了銀子就能又自由又安全的離開，如果不給銀子，那就是傻而不智了，因為不自由和痛苦馬上就跟著出現在身上。」

虎頭寨主洋洋得意的論述著自己的智慧，說完了徵求明心和尚的意見：「不知和尚以為如何？」

明心和尚終於開口了：「老朽不想和閣下這種強詞奪理的人說話！」

虎頭寨主聽了之後，馬上臉色大變，怒指和尚喝道：「你敢看不起我？」

明心和尚反而哈哈大笑說：「這就是閣下所謂的智慧嗎？這邊只不過故意說了一句話，那邊就輕易的失去理智了？」

和尚臨事不亂的勇敢精神，讓虎頭寨主心頭為之一震，因為和尚的話，正好進入虎頭寨主心坎裡，讓人當下明白道理，所以虎頭寨主馬上脾氣就消了，心裡感到不好意思而往後退了幾步。

明心和尚繼續說：「這才是真正的智慧：『對於失去理智的挑戰，面不改色，如如不動！』」

宇宙博士故事說完，馬上響起熱烈的贊同掌聲！

聽了宇宙博士心當下如如不動的故事，小記者忽然想起唸小學時的一個故事，這個故事，讓小記者經過半世紀的歲月，心靈還是十分震撼，要不然不可能特別的記得。所以，接著小記者講了這個故事：

◆　◆　◆

在王陽明先生，看起來一息尚存，即將離開人世的時候，守護在先生身旁的眾多學生中，其中一位就問先生說：

「請問老師，是不是還有什麼話，要向大家說呢？」

只見王陽明先生的臉上，堆滿了慈祥寧靜的笑容，一字一句慢慢的說：

「在這如如不動的當下，只有滿心的光明潔淨，而這光明潔淨，不是任何語言、文字可以形容和表達的！」

王陽明先生說完這句話，就在光明的笑容中與世長辭了。

◆　◆　◆

小記者說完故事又接著說：

「心的光明潔淨，在人生的最後看到，根據修心媒介的說法，是一個人不虛此生的真正證明。因此，這件事可以讓人知道，王陽明先生的人生，是值得的。也因此順便建議大家，及早認識生命難得，然後把握它來光明心靈，讓自己不必等到人生的最後，心靈才能光明潔淨，或到那個時候，只留下遺憾兩個字！」

宗教哲學學者余敦務教授贊同說：

「真的是這樣，記得自己，好像昨天還在唱著童歌騎竹馬，一轉眼就是年過半百的白頭翁！在這當中，看到多少不幸運的同學、同事、親戚、朋友，在半路上就住進了黃土堆，機會就此不再了。所以拯救自己的心，有必要像懸崖勒馬那樣，發現懸崖當下勒住，不要猶豫。能夠把當下看到想法的傷害，好像看到墜崖危險那樣，當下把想法嘎然勒住：讓心如如不動、光明潔淨！」

活在當下局蔡檔匣局長也跟著說：

「心以心眼當下為焦點，全心貫注，沒有遺漏任何細節，無始無終的看清萬事萬物，不作思想好、壞的批判，只是選擇沒有時間的真實和嶄新心。這如如不動的嶄新心，是不是光明潔淨的心、是不是恍然大悟的心呢？值得大家自己，多加深入探索。」

宇宙博士說：「從假設心眼、銀幕、秩序、冰箱、當下選擇，到這裡的如如不動、光明潔淨，一路下來，大家已經進入『心』國、相當瞭解『心』國了。接下來，個人用前述的：『心以心眼為焦點，全心貫注』這段話，來講一個故事，作為『心』在生活上的實際運用。」：

全心貫注

古時候，有一位名叫高傲的年輕人，生性喜歡玩射箭，經過幾年的把玩練習之後，真的可以箭無虛發，百發百中。

大概是年輕氣盛吧，經常跟人家比賽射箭，也確實神準，因而每一次都贏了獎品。因為這樣，更加強了表演慾，所以就常常公開表演射箭，一方面娛樂在場的人，一方面逞自己的威風。

這一天，高傲又在眾人的圍觀下，表演神射「百步穿楊」，果然每一箭都正中紅心，激起了觀眾一陣一陣的拍手叫好聲。這個時候的高傲，忽然突發奇想：

「為什麼不來一點更難的、更新鮮的射法。譬如：走著射、跑著射、突然返身射、坐下來射、躺在地上射……」

於是高傲真的照自己的想法做了出來，結果也是箭箭中的，這可讓在場的觀眾出乎意料之外，每個人都咋舌稱奇，熱烈喝采，嘆為觀止！都齊口同聲的稱讚高傲為「神射手」。

可是在觀眾當中，有一位賣油的老翁卻說：

「這沒有什麼啦！熟能生巧而已。」

這話傳到高傲耳中，讓高傲感到非常不服氣，就來到老翁面前執問：

「老先生說在下的射箭技術沒什麼？那閣下敢不敢和在下比射呢？」

只聽老翁從容的回答：

「射箭沒有學過，不敢賜教，不過老朽是賣油的，卻可以讓大家看一看倒油的技術。」

於是老翁拿出一個小瓶子放在地上，然後在油缸裡舀一杓油，在一公尺多的高度往瓶口倒油，只看到油乖乖的進入瓶子，一滴都沒有外溢。老翁倒完一杓油，再從衣袋裡拿出一枚銅錢，把銅錢放在瓶口，然後再舀一杓油，把油從高處經銅錢孔倒入瓶中，大家只看到油好像細棉線一般，規規矩矩的穿過銅錢孔，進入瓶子中，一滴油都不曾超出銅錢孔，這麼神的倒油技巧，把所有的觀眾，包括高傲在內，都看得目瞪口呆、鴉雀無聲。等老翁倒完油，大家才好像大夢初醒，靜靜愣在原地。這時候，只聽老翁說：「年輕人，不，神射手！」老翁故意停頓一下，才繼續說：「現在，閣下認為老朽倒油技術，是不是熟能生巧呢？」

高傲終於明白了道理，把弓摔在地上，然後向老翁拱手，爽朗的回答：「是熟能生巧，熟能生巧！」

老翁收起瓶子和杓子之後，用手拍拍高傲的肩膀說：「閣下年輕又明理，真是前程無量啊！記得，是：『全心貫注，熟能生巧』。」然後挑起了油擔子，揮手向觀眾道別。

◆　◆　◆

博士的故事講完，大家熱烈鼓掌！接著師享部長就宣布下午第一次休息。

認識教育

在休息時間，宇宙博士和一些同學們，來到公園的涼亭休息。好幾個同學，跟著博士慢慢的做了一段深呼吸的放鬆操。做操結束後，博士就請大家就涼亭座椅坐下來，關心的問：

「今天，大家進入『心』國以後，學會了使用心眼當下觀察自己的心，不知道透過心眼當下的觀察，有沒有發現了什麼？」

在宇宙博士正前面的韓紫細同學介紹自己，然後回答說：

「個人發現了自己的心，在每天生活當中的種種弊端。又從這種種弊端的裡面，探索下去，結果發現它的第一起動點，竟然是出在教育。所以，個人提出來，看看同學們有沒有相同的感覺？」

鄭充尹同學很快的就接著說：

「韓同學的意思是說，教育的適當與否，直接影響一個人的行動嘍？」

韓紫細同學說：「是啊！難道閣下沒有看到很多的事實嗎？」

鄭充尹同學還未回答，宇宙博士就接著說：

「韓同學觀察得相當仔細，又有深入的發現。觀察一個人的心靈，就直接看到了教育的內容，所以，教育就是心靈的基礎建設，由於這種認識，個人已在休息時間，向師享部長建議研討會從教育來開始。人類的一切行為，主要源於教育，而教育必須在人一出生開始做最適當、最有效，可以避免習慣難改。」

小記者在現場，聽了博士的話，深有同感，因為小記者在小時候，受到的教育傷害很深，可以體會教育對人類是多麼的重要！

分別教育

休息過後，大家準時來到研討會會場，師享部長請教育署施嬌玉署長，主持研討會，施署長說了一些客套話，就直接切入正題，研討教育：

「咱們觀察古代人在教育之初，都是給小孩唸《三字經》的；《三字經》開頭是怎麼說的？那一位同學願意為大家背一段？」

大家對酒渦美女署長起來主持研討，心頭都為之一震。鄭仙風同學聽到要背《三字經》，馬上站起來介紹自己，隨口就是一段：

「人之初，性本善，性相近，習相遠，苟不教，性乃遷。」大家聽了以後，都拍手作鼓勵。

施嬌玉署長接著說：

「謝謝這位同學！只要唸《三字經》的前一段，就知道此經的作者，是一位真正重視教育的人，因為經的一開頭，就直接指出教育的重要。經告訴咱們說：

『人在出生的時候，好像白紙一樣，每個人的性情都很類似，由於生活環境近朱者赤，近墨者黑的影響，如果沒有適當的學習環境，人的個性就會產生相去甚遠的差距』這最後一句的個性差距，就是造成人類在生活上，發生分別和衝突的基本原因了。」

人類行為學者辛冠茶教授加入說：

「咱們觀察到人在家庭、學校的教育之中，學會了分別心，開始了人類分別心傷害自己的事實。人懂事以後，就開始爭玩具、金錢，乃至分別食、衣、住、行、育、樂種種的多少、好壞，想像身邊人對自己和兄弟、姊妹、朋友的好、壞，又從家庭延伸到學校、社會、國家、世界的好、壞。當心眼當下觀察出分別心的產生和延續，自然立即注重環境、學校教育的內容，有沒有分別心的存在？」

施嬌玉署長接著說：

「在觀察出教育產生分別心以後，就請大家一起來，找出有那些分別心教育？請同學們提出自己的觀察。」

趙步平同學介紹自己之後，說出看到的能力分班式的分別教育存在：

「校長或者老師為了加強補習以取得學校和自己的名譽，把成績優等的、家裡有錢升學的，編在一起名升學班；把成績中等以下、貧窮無法升學的，編在一起名放牛班。到了二十一世紀的現在，在電視新聞裡面，仍然看到了所謂的能力分班，事實的背後，有著強調差異的種種原因。」（對趙同學的話，小記者是過來人，小記者因為家貧無法升學，在小學五、六年級，就是被編在放牛班的）

曾淵旺同學介紹自己以後，接著說出看到的分別好、壞孩子的教育存在：

「經常看到好孩子、壞孩子的分別與不平等對待。例如：張三仁聽父母、老師的話，就認定為好孩子；李四海個性頑皮，意見多、常常頂嘴，就認定是壞孩子……；江小華家庭作業經常沒有做，就把小華罰站、罰擦黑板、擦窗戶；王小明家庭作業做得好，就給小明獎賞，殊不知這家庭作業做得好不好，除了小孩本身的勤勞和懶惰以外，還有許許多多的其它因素？……」

聽了曾淵旺同學看到的分別好、壞孩子教育，激起了小記者在小學四年級的回憶，那一年被級任老師，冤枉成壞孩子的故事，願意說出來，讓大家看這造成的傷害！於是小記者加入討論，說出了小學的故事：

老師和班長的出氣孔

事情發生在老師和邱班長不明原因的不愉快，老師要小記者代理班長的第一次喊口令……。

就只因為太單純，聽原來邱班長的話，害怕班長的權威警告：「你不可以聽老師的話，不可以當班長，等一下上課，不可以喊口令……」在上課鐘響，老師進入教室的時候，小記者沒有喊口令，就激怒老師的情緒，當著全班同學的面前，被級任老師雙掌連續重摑左右臉頰，不知多少下，導致臉頰掌痕紅腫畢露，滿口是血。又加腳踢腹部也不知凡幾，到跌坐在地大哭，結果抓了起來再打再踢到跌坐地下，最後拉到教師辦公室：「在這裡罰站！」就這樣，在辦公室全校老師面前，哭著罰站到放學。

當天回到家裡，祖母看到臉頰腫起的指痕，問明原因，實話以告，結果祖母當下決定要向老師提出傷害告訴。

第二天，由祖母帶著去「公醫」（鄉下的醫療衛生所）那裡，請醫生開立傷害證明，卻當場被拒，怕事的醫生，聽到要告老師，嚇得不敢開證明，要祖母去找家長會長主持公道。見了家長會長以後，大家猜是怎麼了？會長竟然是老師的同姓家族，基於親戚關係，會長竟然昧著良心，保護自己人的老師，無視學生臉上紅腫掌痕、身上暗傷和看不見的心靈踐踏，要求祖母說：

「不要告啦！你放心，我會以長輩的威嚴教訓他一頓的……。希望大事化小，小事化無，不予追究，不予追究才好……」

為人忠厚老實的祖母，聽了會長的話，就把所謂的人間公道、正義，就這樣無聲無息的送給了小記者自己的命運，讓命運自己走過去，恩怨自己消失！一趟告老師之行，連一毛錢的醫藥費，都要靠自家負責、負擔……。

大家聽到這樣的事實，不知作何感想？小記者本身有很多很多的問號，只略述其中幾則，讓各位瞭解小記者的心是怎樣的：

一、老師為什麼和最親近的班長不和？而不和的兩個人，為什麼又把氣出在不相干的第三者身上？

二、老師在打人之前，為什麼不先瞭解一下，什麼原因不叫口令？真正的真相是什麼？

三、為什麼只一次不叫口令，就該接受這麼嚴重的懲罰？

四、教育部那一條條文，規定老師可以做這樣的行為？

五、全班的同學，為什麼看到這樣的事實，全部鴉雀無聲，沒有一個人出面勸阻？

六、全辦公室的老師，為什麼看到這樣的事實，絲毫無動於衷，沒有一位老師敢站出來勸阻？

七、就連一校長者的校長，對這樣的事件，同樣無動於衷！小記者質疑校長的愛心？

八、這位「公醫」醫生，為什麼怕開立證明？

九、家長會長，為什麼不知道本身的職責是什麼？只為了保護老師的嗎？

十、此一事件裡面，所有人的愛心，怎樣才可能被喚醒？因為不是自己、自己的孩子，所以不必關心嗎？

十一、如果這樣的暴力事件，發生在現代，又會是怎樣的結局？

十二、雖然身上的傷好像不是很嚴重，但小記者仍然不願意看到這種無過受罰的傷害，發生在任何人身上。

這樣的教育情況，就好像一片嫩綠的草原，不經意的被一群野牛狂奔而過的那種慘不忍睹！所以，只能輕聲的說：

「教育不適當，會毀掉很多、很多白紙一般純潔心靈！」

披露這樣的真實事跡，只是讓大家知道，的確有這麼不可思議的教育，而現今的學生，看到這樣的故事，應該瞭解自己的福氣，應該非常懂得珍惜才是！

另外是讓後人瞭解一九五〇年代教育的一點實況。不是因為懷恨或自憐。在小記者的人生過程中，受到的暴力非常之多，但經過心靈智慧的洗禮，在心靈深處建立了人類一體自由、平等、真愛之後，對受暴的往事，能夠一笑置之，對施暴的人，不具一絲一毫的恨意。（小記者附記：本書後面「因果」主題的蛛絲馬跡部分，有講到不管人做了什麼，如果還在思想的範圍裡面，最終受害的，一定是施暴者，而不是受暴者。所以，受暴者反而會為施暴者深深感到難過。這些都應該感謝真愛的花粉使者。）

◆　◆　◆

小記者故事說完，同學們七嘴八舌的彼此私下交談著：在教育的殿堂之上，發生這種事，太不可思議了！而且充分暴露出教育的弊病和權勢教育的嚴重傷害！

施嬌玉署長就說了：

「想不到傳說中純樸的年代裡，還是有如此不為人知的教育存在！看來，有生命的存在，考驗是永遠跟著存在了！」

宇宙博士也接著說：

「沒錯！當下的心靈研討，正是大家一起來面對生命可能帶來的考驗。」

施嬌玉署長說：「那麼，身為教育工作者，就只有當下隨時看清心靈的種種狀況，面對考驗一途了。——好，請各位同學繼續發言。」

接著，吳職卓同學介紹自己後，說出讓人分別彼此的執著教育：

「基本教育者的父母、老師，一開口，一下筆就是第一人稱、第二人稱、第三人稱。不知道這就是人類分別對立，暴力衝突的根源。讓這樣的執著繼續下去，想要抹掉這種習慣，可不是一天兩天的事！眼看這樣的事實，有人願意真正進行瞭解，著手進行改變嗎？目前的情況，個人質疑『人類是地球上最聰明的動物？』」

施嬌玉署長說：

「個人也看到這種活生生的事實；同時，相信人類有智慧處理這樣的問題，只可惜到目前為止，並不多見人類這方面的智慧和實行！」

柯以祚同學介紹自己，然後說出所看到的學歷教育：

「工廠、機構、商店徵才用人，一律大學、大專或同等學歷……，這樣的結果，讓國家的大學、大專學校像高中一樣多，這樣是不是浪費了眾多的社會資源？所得到的真正的效益，真的有那麼驚人嗎？個人不以為然！」

鍾富和同學介紹自己，然後附和柯同學的話說：

「是啊！每一次繳學費，父母總是大吐苦水，大學生家長的壓力誰知道？」

何維貴同學介紹自己，接著說出看到分別民族的強調軍備：

「報紙、新聞媒體、政府各階層，熱烈討論增加軍備，把國家軍備白熱化……。讓人覺得有一點滿足於強大武器擁有，忽視人與人以和為貴的基本；難道最聰明的動物，沒有更適當的方法維護和平？」

「這些都是真相，何同學並無言過其實！」施嬌玉署長繼續說：

「經過諸位同學的發言，可以馬上瞭解當今教育的情況；同學們都看到了分別心教育的存在，既然心眼當下發現分別心的教育弊端，當下選擇轉換教育內容，就是當務之急了，請大家就各自所提出的部分，作當下行動建議好嗎？」

這一回，曾淵旺同學拔得頭籌，施嬌玉署長說：「曾同學，請！」

曾淵旺同學說：

「個人去形容一個人，『好、壞』這兩個字，可以不用就不用，甚至永遠不用它。在和行為與眾不同的人相處時，儘量找到裡面不一樣的原因、找出其中被掩蓋的內裡部分，就是看清真相，絕不曲解任何一個人的心靈真實意含。」

吳職卓同學接著說：

「個人也將第一、第二、第三人稱，可以不說就不說，乃至第一、第二、第三人稱的語言、文字的完全不使用。讓人與人之間，只有真愛沒有衝突。」

宇宙博士說：

「其實有關分別的稱呼，教育單位編的課本沒有這樣的認知的話，老師可能處在力不足的情況。」

趙步平同學說：

「至於學生的真正能力，當然是永遠不以考試分數，作為看一位同學的依據。然後結合所有老師、同學的才智，一起拉拔功課理解較慢、記憶不牢的同學，讓學校成為學習的樂園、天堂！」

柯以祚同學說：

「個人主張一切的用人，不論學歷，只做職業訓練，可以做就任用，這樣是不是可以省時省錢？說不定還可以不必用到外勞，進而改善社會的貧富差距呢？」

何維貴同學說：

「國防當然要認真做，但永遠做比說多；永遠以和平替代戰爭、以和為貴！」

施嬌玉署長說：「分別教育，就討論到這裡，接下來討論生活教育方面的問題吧！」

故事專業蔣顧世站起來說：「好，咱們轉換一下口味，講講故事吧！」

生活教育

生活給的教育

駱孫山同學的父母離異以後，媽媽再嫁了，爸爸每天早出晚歸，忙著賺錢，對兒子的照顧，總是提不起勁；孫山同學的生活，也因此受到很大的影響。

級任任真老師，說為了訓練學生，每隔一天就給學生作模擬考試。對喜歡念書的同學來說，模擬考等於先前操演，也是節省補習費的貼心服務了。但對駱孫山同學來說，簡直是超級虐待，所以任老師，很難不變成「虐待狂」老師！

對心中的「虐待狂」，孫山同學一直使用敷衍迴避了事。任老師本身，也好像從未注意到這個學生。

星期一一大早，任真老師就說八點第一節課要模擬考，孫山同學聽到消息心馬上涼了半截，因為昨天大禮拜，整天迷在電玩「星際大戰」，戰況激烈，戰到深夜仍然沒有任何結果……。所以，模擬考，哎！別提了，一定很糟糕，怎麼辦呢？孫山心裡正在煩惱著；忽然肚子嘰哩咕嚕的響著，這時才想到早上睡過頭，爬起床的時候，已經快到早自修時間了，趕快穿了衣服拿起書包，飛也似的跑到學校，進了教室，結果還是遲到五分鐘。思緒拉回現實，應該趕快解決餓的問題，於是跑到學校福利社，買了紙包裝的木瓜牛奶，拿了一個大麵包，打開包裝就是一大口，接著灌下木瓜牛奶，當咬第二口麵包時，才發覺麵包酸酸的有異味：「該不會是過期的吧？」八點十分第一節課的鐘聲，準時的敲響著，孫山同學已沒辦法管那麼多，把口中的麵包配著木瓜牛奶，隨隨便便的就吞了下去，剩下的麵包，不敢再吃，順手就丟進垃圾筒，然後快跑進教室。

任老師抱著模擬考卷走進教室，劈頭就說：

「各位同學準備好了嗎？」

同學們的應答聲稀稀落落，聽起來有氣無力，任老師感覺很不對勁，便問：

「怎麼經過兩天的休息放鬆，還是沒有把戰鬥力培養出來呢？」任老師似乎忘記自己曾經給同學好多的家庭功課！接著聽到老師刻板的說：

「不管怎樣，還是要拿出最好的精神來應戰！各排長，就發考卷吧！」

正在這個緊要時刻，駱孫山同學忽然雙手拘著肚子，肚子絞痛得汗淚雙流，鄰座宋清文趕快報告老師，老師就請宋同學和另外一位吳音嘉同學，一起攙扶駱孫山到學校的醫務室去。一進醫務室，駐校護士小姐馬上讓駱同學先躺在床上，經過一番詳細的盤問和檢查，確定是食物中毒，就親自開車，將病人送往醫院治療。

躺在醫院病床上的孫山，經過醫生的診治，已經好了大半，雖然是誤食了過期帶有病菌的麵包，但是生病剛好躲過了模擬考，心情卻忽然感覺異常的輕鬆！

星期三，模擬考又到了，駱孫山的心又在打著結，整個人就是討厭考試？但是忽然之間，心中就已經有了個計劃。

中午下課的時候，任老師宣布下午一點模擬考。

十二點五十分，駱孫山和朱煥志在學校的大榕樹下休息，駱孫山忽然間兩手抱頭，對朱同學說：「哎呀！頭好痛啊……怎麼辦？」

朱同學趕快把孫山同學送到醫務室，駐校護士小姐一面安慰一面問明原因？孫山一一回答，一時之間卻查不出原因，於是就開車送醫院去作檢查醫治。經過照腦波，沒有發現問題，主治醫師就以突發性頭痛作治療。

星期五上午，任老師說模擬考訂在十點十分第三節課的時候。駱孫山卻在第二節下課時就突然的暈倒了，同學們一時都嚇呆了，趕快把駱同學抬進醫務室，這一次駐校護士小姐，也沒有辦法找到病因，所以，趕快去請了兩位同學來，一起把駱同學抬上車，送到醫院去。經過醫生的種種檢驗折騰，找不到什麼病因，就暫定為突發性暈眩症作治療。

這一回進醫院，任老師和許多同學都來慰問，連駱爸爸也都趕來關心，讓駱孫山心裡感到很安慰！然而，任老師臨走時的一句話，卻讓駱孫山的心情，一下子就掉入了谷底，一時之間，全身好像癱瘓了一般。老師的那句話就是：

「駱同學，要快快好起來唷！因為下星期四就要期終考了，必須趕快做考前準備！」足足過了十幾分鐘吧，駱同學的心裡才出現一句話：

「來得及準備嗎？」接下來，心中出現了數不完的「後悔」！

蔣顧世老師的故事一說完，大家就熱烈鼓掌感謝。蔣老師問同學說：

「同學們看到生活帶給駱同學什麼呢？」

鄭充尹同學說：「逃得了和尚，逃不了廟；面對現實，才可以永不後悔！」

游發憲同學介紹自己後，也說：「生活本身，所帶來的現成教育，是影響最直接、最大的。」

蔣顧世老師說：「對！所以施嬌玉署長才提出這樣的主題。」

下午第二次休息的鐘聲響起，師享部長請大家休息再繼續。

社會教育的人禍

休息過後，小記者說：「聽蔣老師講的故事頗有感觸，所以小記者也來一個報導：

◆ ◆ ◆

人類生存的世界，出現了一種無法遏止的社會風氣，叫做「媒體教育」。它就是二十一世紀前後，對人類傷害最大的事實。它的傷害馬上看到，而且傷害歷歷，可惜大家卻不以為意，任由蹂躪，很難不令人感到憂心忡忡！

小記者在耶誕一九七七年到沙烏地阿拉伯服務的時候，工作之餘，看了一本同事的《當代文摘》。裡面有一篇關於綁票的文章，一切傷害經過都非常明細的描述，當時就感到十分震撼。想不到就從那篇文章出現之後，綁人勒贖的行為就有如雨後春筍，接二連三的出現在全世界。這樣的傷害，就好像第三次世界大戰！也由此看到了人類教育的疏忽！

當今已是耶誕二零零五年，媒體的傷害，卻正如火如荼的漫延在人類身邊，中國大陸在二零零四年夏天，有禁演電影的舉動，表面上看，好像不夠開放，其實這是真正懂得媒體傷害的行動！

電腦是用來代勞人類，處理許多繁雜重複的資料和資訊的工具，如今卻被用來犯罪騙錢。就像諾貝爾發明的炸藥，當時是用心幫助人類開山闢路，一樣被人拿來互相殘殺。

小記者建議：立刻重視媒體，把不知不覺的傷害，變成有知有覺的適當教育，當下終結罪魁禍首，對事件的報導，先知道會造成多少的後果？

◆ ◆ ◆

小記者報導完社會教育，也得到熱烈掌聲！施嬌玉署長說：「小記者說的的確是事實，真不知這樣的人禍，何時才能被政府、立法當局所重視？─接著，咱們切入幼童教育的部分吧！」

東、西教育

宇宙博士首先發言：

「個人覺得教育沒有一定的教學方法。一樣的方法，用在不同的生活環境，產生的效果是截然不同的。」

小記者說：

「小記者從小就受到大人：這樣不行、不可以的對待。年長以後，發現地球上整個東方的人，幾乎都在如此不當的制約當中生存、長大。」

博士感慨的說：「是啊！咱們來看東方小明和西方約翰所受的教育。」

◆　◆　◆

小明生性好動，平常在家，不是爬到餐桌上去跳、去搖，就是在沙發椅背之上學習高空走鋼索，或者沿著樓梯扶手倒騎著往下溜，可以說沒有一時一刻安靜下來的，只有在生病的時候，才可以比較乖一點。也因此，給小明的媽媽帶來相當大的煩惱。

這一天，小明又墊著凳子，爬到院子裡的圍牆上去，正巧被媽媽發現了。接著就傳來小明媽媽的大聲警告：

「趕快給我下來，要不然看媽媽怎樣修理你！」但是小明只顧著自己站在圍牆上，丟擲著紙摺的飛機，嘴巴還不斷的發出飛機飛行的引擎聲：

「嗚……嗚……嗚……」

小明的媽媽十分生氣，走到圍牆邊，上了凳子，出手抓住小明的褲子和皮帶，把小明從圍牆上抓了下來，順手在地上撿起帶過來的小竹枝，一面打向小明的小腿和屁股，一面大聲罵：

「看你以後還敢不敢這麼皮？」小明被打痛得哇哇哭了起來。當小明的媽媽出了氣以後，又加了一句暴力的警告：

「下次敢再不聽話，小心我打斷你的腿！」

類似的事實，經常在實際生活中上演！這樣的教育，會不會是小孩沒有膽量，遇事裹足不前，不敢放心去做的原因呢？

當約翰的媽媽，發現約翰爬上圍牆去射紙摺飛機時，馬上作語言的關心：

「約翰，站在那麼高的地方，又用力射飛機是很危險的，要小心啊，射的時候要輕一點，才不會跌下來受傷了，從那麼高的地方掉下來，有可能會骨折呢！」

「喔，知道了！媽媽」約翰這樣回答。

之後，媽媽趕快去拿那可以打開的鋁梯過來，把梯打開，然後放到靠近約翰的地方，上到鋁梯頂端坐著向約翰說：

「約翰，靠過來這裡，在媽媽的旁邊會比較安全一點。」意思是有意外，媽媽會隨時出手接住。約翰回答說：

「好啊！謝謝媽！」等約翰把紙箱裡的飛機都射完了，媽媽才扶著約翰從鋁梯下來。接著媽媽對約翰提議說：

「下一次要射紙摺飛機的時候，先跟媽媽說，可以利用禮拜天，一起到學校操場的司令台上，在那裡，一定可以射得又高又遠！」約翰聽了心裡很高興，連忙感謝媽媽。接著拉媽媽的衣服，要媽媽蹲下來，然後把嘴巴靠到媽媽的耳朵，小聲的說了一句：

「媽媽真聰明！」

宇宙博士說完了東、西教育的差異之後，施嬌玉署長說：

「宇宙博士說的例子，真是東、西對、照啊！過去東方人的父母，可真像宇宙博士說的一般粗魯。教育其實是一種細心的幫助，針對這一點，倒要聽聽大家的意見？請各位傾一傾囊吧！」

宇宙博士說：「就由個人繼續來吧！」

一種細心的幫助

要讓孩子們發現自己的衝動情緒，並不容易，倒可以利用錄影機，在小孩發生情緒激動的時候錄下來，作為教導使用。（但帶子沒有當事人的允諾，應避免在大眾面前公開私人秘密的不當！）可以讓情緒容易衝動的小孩，在一起討論、一起找出情緒衝動的原因，讓每一個小朋友，都有機會在熱烈的討論中，成長為沈著、冷靜的人。當然，也可以編很多「應付衝動」的故事，讓衝動的小孩親自來演出，藉戲劇演練而學會適當行為。

如果小孩的年紀比較小，那就更須要大人們多用技巧，在語言和相處上作輔導了。

小明正在上幼稚園大班，最近天天吵著要媽媽買玩具汽車，媽媽因為沒有足夠的錢，暫時把這件事給擱置下來，小明因此情緒變得焦燥不安，動不動就生氣。

這一天，在幼稚園下課的時候，小明和小華搶著騎玩具汽車而發生爭執，打了起來，幸好老師適時的發現到，才把兩人分開，否則真有受傷的危險。事實上不要說是小孩，就是大人也好不到那裡去，在慾望強烈又一直不能實現的情況下，情緒馬上變得浮燥、衝動。在這樣情況下，如果沒有適當轉移情緒進行的話，情緒一旦爆開來，後果怎麼可能樂觀呢？

「這時候，在小明身邊的人們，該採取怎樣的幫助行動呢？」賈聰明同學忽然插問了一句話。宇宙博士繼續說下去：

發現小明情緒的幼稚園老師，就是採取行動者。應該馬上找小明的家長，然後一起討論，找出病情，才有對症下藥的根據。

小明的老師何丁香，晚上打電話給小明的媽媽：

「喂，請問是王小明的媽媽嗎？這裡是安安幼稚園，小明的老師何丁香。」

小明的媽媽回答：「是，是小明的媽媽。何老師晚安！」

何老師說：

「晚安！幼稚園白天有打過電話，貴府沒有人在家，所以晚上又打過來。」

小明的媽媽說：

「喔，抱歉！家人白天都上班去了，請問何老師來電有什麼事嗎？」

何老師說明原因：

「是這樣，王小明最近幾天情緒很不穩定，今天上午和陳小華吵架，兩個人搶著玩電動汽車打了起來……所以想瞭解一下，小明最近在家的情形怎樣？是不是有容易引起情緒不安的事情？」

小明的媽媽想了幾秒之後說：

「前幾天有鬧著要買跟幼稚園一樣的電動汽車，可是最近家裡繳了許多稅金，暫時沒有辦法買，可能就是因為這個原故吧？」

「小明的焦燥果然事出有因」何老師找到秘密後，向王媽媽商量說：

「那麼王媽媽，是不是一起想個辦法來轉變小明的情緒，不知道王媽媽認為怎樣做，才對小明最適當？」

小明的媽媽靜靜的想了幾秒，然後才說：

「這樣好了，等一會兒小明的爸爸回來時，互相商量看看，過多久才給小明買電動汽車，再把確實的答案告訴小明，這樣應該可以緩和小明的情緒才對。在尚未達成小明的願望之前，還要麻煩老師在幼稚園多費心注意小明的行為，做最適時的處置。結果如何，就再作連絡了？」

何老師聽了王媽媽的意見，很高興的說：

「好極了！王媽媽，相信這樣的做法對小明有效。在小明收到禮物之前，幼稚園這邊，會特別安排一種使用選擇、分配玩電動汽車的方式，來解決小明獨佔行為。請王媽媽放心！王媽媽再見！」

小明的媽媽說：「何老師的安排非常好，謝謝老師，再見！」

◆　◆　◆

宇宙博士講完對小孩幫助的實例，博得大家熱烈的鼓勵掌聲！

之後，施嬌玉署長安排署內的幾位老師，發表、闡釋一下對「教育」的見解。

教育的見解

甲老師介紹自己以後，發言：

「個人認為教育可以引導人類去認識自己，發現什麼才是自己最拿手的？自己有什麼特殊的賣點？可以開發的空間、耕耘的土地在那裡？大家常說『每人頭上都有一片天』，教育就在認識、開發、利用、珍惜這個人頭上的一片天不是嗎？」

甲老師認為教育可以認識個人潛能，藉著教育開發、利用它。

乙老師介紹自己以後，接著說：

「是啊，古人說過，適當的教育是『春風化雨』，就是春風吹醒萬物，甘霖滋潤草木不著斧痕的功效；一旦逾邁自然，就不是『春風化雨』了，是最需要注意的的地方。」

乙老師接著指出「春風化雨」自然教育的重要和不自然教育的發現。

丙老師介紹自己以後，接續說：

「對，適當的教育，誠如先師所言『有教無類』，幫助認識平等、仁愛的重要性，讓小幼苗瞭解想法所產生的種種行為，可能違反自然、做作不自然。然後，以自然作為學習對象，遠離種種想法的毒害，讓小朋友在毫無負擔的環境中成長，就好像一朵朵美麗的花兒，綻放在人類真愛的花園當中一樣！」

丙老師響應乙老師的自然學習，進一步認識人類想法的危害，遠離想法的傷害；以人類的真愛來相處生活。

「那麼『春風化雨』應該是教育的理想和目標嘍？」甲老師這樣問。

「是，也不是。教育只有在當下適不適當的問題，並不一定訂有什麼理想和目標，比理想和目標更重要的是施教者本身，是不是具備有實行真愛動力？」乙老師這樣回答。

「如果教育可以把人身上、心裡的種種負荷，一一加以化解的話，毫無疑問，大家的生活就會變得輕鬆愉快、活潑自在嘍！」丙老師的理解是相同的。

甲老師提出意見：「那麼教育的重點應該放在當下的發現問題和實行真愛嘍？」

乙老師回答：「應該就在當下瞭解、處理問題的智慧上面。」

大家聽了老師們的深入探討，都報以熱烈掌聲。

教師節感言

之後，小記者在研討會上，提出過去的教師節記錄，提供大家參考。

這是小記者在一九九八年教師節當天，所留下的記錄：

耶誕一九九八年九月廿八日教師節，電視新聞記者訪問當天接受表揚的老師：

「做為現代的老師，請問有什麼感言？」

受訪老師回答：

「現代的老師真的很難為，因為太不被尊重了！」

中研院李遠哲院長在之後的訪談中，被問到：

「聽了老師們的教師節感言：『太不被尊重了』以後，有沒有話要說？」

院長說：

「不是現代人不被尊重，而是現代人不知道如何彼此尊重？」

◆　◆　◆

文倜多同學問：

「在施教的老師和接受教育的學生之間，被發現不知道怎樣彼此尊重的時候，記者有沒有追問出補救辦法？」

小記者答：「就是沒有，才提出來討論，看看大家的意見！」

施嬌玉署長馬上接著說：

「這是一件相當嚴重的社會問題，教育當事人必須馬上集會研討對策，讓社會人人尊重人人。」

（小記者附加報導：

耶誕二零零五年一月十四日，電視新聞：

有一位老師，規定學生要把上衣襬，放紮進外褲內，有一位學生卻屢勸不聽，氣得老師當場拿出剪刀，把這位學生衣服的下襬剪掉。學生回家後，家長發現了這件事，心裡覺得非常不滿，就拿著被老師剪掉的衣服，到學校找老師理論。

在彼此的對話中，小記者聽到了老師對家長所說的一句震撼話：

「我從小到現在，從來都沒有被人家這樣指責過，……」

電視新聞，充分的暴露：經過了六年多，彼此尊重的問題，仍然在重複著……重複著……。）

之後，宇宙博士再就學校教育，提出自己的看法和實例：

「生命細節」教多少？

宇宙博士說：

「咱們生活在地球上，看到了歧視和貧窮，仍然存在於科技發達的今天，這是不是教育只重視科技、效率，忽略『生命細節』教育的結果呢？明顯看到事事走向科學技術，人人講求時效速率，導致社會到處充滿了無情競爭，造成許多的嫉妒、仇恨，互相毀損，這些實際情況，令人感到十分憂心。」

宇宙博士繼續說：

「當今的教育，重視實用專業，訓練有技術、有效率的人才，這些人對工業社會助益很大沒錯。可是人類的生命並不是只有科技和效率兩點而已，尚有包羅萬象的等等等等，這些等等等的內含，就是『生命細節』」。

接下來宇宙博士就講自己所看到的「生命細節」的點點滴滴：

關心孩子功課的爸爸

經常看到很多爸爸，不能或不善於用語言、文字、肢體行為，充分表達自己心裡面的真實情感。

甲爸爸是真正關心兒子功課的，卻因為看到兒子整天看電視不做功課的情況，馬上出言情緒化：

「考試成績這麼差，還敢整天看電視，是不是皮癢要討皮痛了？」這種以責備為關心，卻剛好把孩子的用功動力全部擊潰，把孩子往相反方向推。

乙爸爸：

「康康，考試的成績在溜滑梯嘍！是不是要加一把勁、加油啊！那裡須要爸爸的幫忙，可以隨時告訴爸爸，讓爸爸隨時隨地在康康身邊，為康康加油、打氣！仔細想想看，康康現在最須要爸爸幫的忙是什麼？說出來，爸爸馬上幫。」用真正關愛的心，適時的協助孩子。

關心孩子畫畫的爸爸

小明的爸爸，發現小明畫的馬，一點都不像馬，有一點像羊。就糾正小明說：

「你看你畫的馬，一點都不像馬，好像羊一樣，……」

小明很不高興的回答：「不像又怎麼樣？反正我不喜歡畫畫！」然後一聲不響的跑離現場，讓爸爸愣在那裡，不知所措。

小華的爸爸，發現小華畫的馬，不像馬，卻像羊的時候，卻對小華贊許說：

「唷！兒子啊，今天這麼認真練習畫畫，真是難得耶！」

小華回答說：「是啊！昨天老師帶大家去動物園玩，回來以後老師說，把自己最喜歡的動物畫出來，明天交給老師，看誰畫得最好最像。小華喜歡馬，當然畫馬嘍！」

此時，會場的休息鐘聲響起，師亨部長打斷宇宙博士的話說：「請博士在這一段落說完才休息吧！」於是，宇宙博士就繼續下去：

小華的爸爸說：「看小華這麼認真畫，爸爸忽然也想畫畫看。」

小華說：「好啊！歡迎爸爸一起來畫。」

小華的爸爸把小華畫像羊的馬，改了其中一匹，讓牠像馬，一面改一面說：「這匹馬，這樣畫，小華認為怎麼樣？」

只聽到小華吃驚的說：「哇！爸爸好厲害，畫的馬好美呀！」於是小華也學爸爸畫的樣子畫將起來，果然把一群羊，變成了一群馬。

小華的爸爸又拿起彩色筆，問：「小華喜歡什麼顏色的馬呢？」

小華回答：「咖啡色。」

小華的爸爸接著說：「好！就把這一匹最漂亮的馬，畫成咖啡色！」

小華也問：「爸爸喜歡什麼顏色的馬呢？」

小華的爸爸回答：「當然是黑馬嘍，有沒有聽說最會跑的馬叫黑馬呢？」

這時候，小華的妹妹小芳跑過來說：「小芳也要畫一匹白馬，白馬是王子騎的馬，是最漂亮的馬！」

小華的爸爸說：「好啊！」爸爸就另外拿一張圖畫紙，用虛線畫了一匹馬，交給小芳說：「只要把虛線連起來，就是一匹白馬了。」

媽媽也在這時候走過來，看大家畫畫。小華問媽媽喜歡什麼馬？媽媽想了一下說：「斑馬很特別，媽媽喜歡特別的斑馬。」

小華接著說：「小華要畫一匹斑馬給媽媽。」媽媽笑著說：「好啊！謝謝小華嘍！」大家都圍過來看小華畫斑馬，小華畫得十分仔細，媽媽稱讚小華：「哇！這匹大斑馬真的好漂亮！」在喝了一口水之後，故意乾咳了兩聲，接著一字一句慢慢的說：「各位開車的先生、小姐們，開車看到斑馬線，要停車禮讓行人優先通行唷！」媽媽突如其來的警察語氣，逗得全家人哄堂笑了起來。

講到這裡，宇宙博士已經把段落講完。大家熱烈鼓掌感謝宇宙博士。師部長宣布第三次休息，結束今天的心靈研討會；並且對宇宙博士一行人說：「為了盡地主之誼，歡迎貴賓之心，本部特別在一樓餐廳，請大家吃一頓『心靈晚餐』，等一會六點，請準時入席！」

宇宙博士等人聽了，馬上熱烈鼓掌感謝！一時間，大家心裡充滿著幸福滋味！

當時間一到，大家進入餐廳，馬上就感染了喜悅和溫馨的氣氛，整個餐廳紅燭高燒，配合沁心悅耳的心靈音樂，令人很快就陶醉其中！還有以素食為主的養身健康餐，鮮果、飲料等等，讓人看了就食指大動，想馬上大快朵頤一番！

◆　◆　◆

參加「心」國心靈研討會的第二天。

◆　◆　◆

第二天早上，新朋友大家在運動場上、花園小徑上、大樹蔭下、「靜思」室門前、蓮花池旁見面，都親切的互道早安，笑容如花開展……。吃過早點，八點，大家準時進入心靈研討會會場。

師享部長再一次向大家道早安之後說：

「咱們就請宇宙博士繼續從昨天『生命細節』的部分開始吧！」宇宙博士就站起來，繼續「生命細節」：

關心學生功課的老師

甲老師：「老師現在宣佈：考試成績比上一次倒退十分以上的同學，從今天起，老師處罰你們每天早晨提早三十分鐘到學校做早自修，每天下午放學後留下三十分鐘補自修，一直到下一次考試成績進步為止。」

自修，只指派班長加以監督，沒有老師的親自幫助，對學生來說，是虐待還是用功呢？心情不愉快，被勉強做功課，效果似乎可以預知。

◆ ◆ ◆

乙老師的做法不一樣：

「這一次考試，很多同學成績都退步了，關於這一點老師自己感到很慚愧，可能是老師教導不夠認真的原故。所以，老師決定從今天開始，要和大家一起努力，一起加油！老師每天提早三十分鐘，陪大家做早自修，放學後，留下來三十分鐘，為大家補習，一直到下次成績進步為止。願意參加的同學，老師都誠摯的歡迎！老師的這個決定，沒有強制性，要是同學臨時有事，或對自己功課有自信的，可以自行選擇加不加入。」

面對學生

例一

面對一位天氣開始變冷，仍然穿著短衣褲的江同學：

甲老師：「江同學，老師已經規定穿長袖衣服兩天了，你是耳朵不好，聽不清楚老師的話，還是故意要試試老師的忍耐功力？現在老師要處罰你：在每一節下課的時候，除了上廁所以外，都罰站在教室後面公佈欄之前，一直到你穿上長袖衣服為止。」

◆　◆　◆

乙老師：「老師觀察了兩天，發現江同學沒有按規定穿長袖的衣服保暖。所以想瞭解一下江同學的原因是什麼？」

江同學：「那些長袖衣服，被家父在抽菸的時候，不小心引起火災燒掉了，現在一時之間又沒有錢買新的，……」

乙老師聽到這裡，打斷江同學的話說：

「喔，真是不幸的事啊！怎麼不早一點告訴老師，讓老師想想辦法？」

江同學：「不好意思……。」

乙老師說：「這是意外災害呀！意外災害接受幫助是應該的。等一下老師向同學們公佈，請大家把零用錢捐一點點出來，幫助江同學買幾套冬天衣服，相信江同學在今天放學後，就可以跟老師一起去買衣服，而明天，再也不必受風寒了。」

江同學感動得想哭的說：「謝……謝……老師！」

例二

面對考試分數掉最多的趙圓英女同學：

乙老師：「趙同學，請給自己找一個考試成績不好的藉口？」

趙同學：「近來就是覺得精神不能集中，不管用什麼方法讀書，就是記不起來。」

乙老師：「再仔細想一想，到底是什麼原因，足以讓自己的精神分散呢？」

趙同學：「父母親常常吵架，讓人心神不寧……」

乙老師：「喔，這種家庭不和的氣氛，的確蠻令人煩惱的，……希望事情會早日雨過天晴走出爭執的陰霾！老師願意用休假天，去找一位社工和貴里的里長，一同到貴府去瞭解，希望對趙同學家，會有實際的幫助。還有其它的原因嗎？」

趙同學：「……就是每個月突然來的『訪客』，讓人感到不知所措，脾氣暴燥，心情不安，……」

「喔，的確是，老師唸書時也是這樣。因為沒有這一方面的知識，所以才帶來慌張！這樣吧，老師準你個半天假，請學校的輔導員，帶你去醫院，把心事和煩惱請教醫生，醫生會給你答案的。這樣好不好？」

趙同學只是點頭，沒有答腔。

例三

學校為了讓有心事、有障礙的學生，有解決困難的地方，特別設立了「學生解惑室」，校長在週會時，通告全校學生，只要是有困難、有心事需要幫忙的，都可以利用課外時間，到那裡接受幫忙。

這一天，在學校成績上不來又沒有人緣，交不到朋友的古意仁同學，進入了「學生解惑室」。

「這位同學請坐，來！先喝杯茶，再介紹一下自己。」輔導老師說著為古同學倒了一杯茶。

古同學喝了一口茶，然後說：「四年五班，古意仁，古代的古，注意的意，仁愛的仁。」

輔導老師問：「古同學有什麼心事或困難嗎？」

古同學答：「在學校成績好不起來，大家都不喜歡跟古意仁做朋友。」

輔導老師又問：「是嗎？古同學自己看自己難道一點點優點都沒有？」

古同學答：「沒什麼吧，因為沒有一位同學說過古意仁有什麼好。」

輔導老師說：「古同學好謙虛，謙虛就是就是人類最好的優點呀！再仔細找一找，一定有未被發現的寶！」

古同學想一想，然後說：「在電視新聞看到遭遇車禍、重病、火災、水災的人好可憐！會很同情這些人，……」古同學停了一會，又繼續說：「在路上看到流浪狗也一樣，有的跛腳，有的斷了一隻腳，真的很可憐！」

輔導老師說：「剛剛還說沒什麼好，馬上就發現謙虛、同情心，這謙虛、同情心就是很明顯的優點。」

古同學答：「沒有老師發掘的話，實在連自己都不曾發現。現在經過老師指點，倒還想到了許多……」

輔導老師鼓勵同學說出來：「那就繼續說下去。」

古同學放鬆的說：「譬如幫媽媽煮飯、洗菜、洗碗筷、洗衣服、掃地、擦地板、幫弟妹準備勞作材料、幫爸爸寄信、買香菸。」

輔導老師用讚美的口吻說：「古同學隨意想到的，就已經有謙虛心、同情心、幫助分擔父母的辛勞、愛護弟妹，這麼多的優點。由此可見，是同學們不知道、沒有看到古同學的優點，所以，古同學自己應該有自信，而老師也會向古同學的級任老師做建議，在適當的時候，把古同學的優點講出來，讓同學們都知道。這樣，古同學的人緣，自然會有改善。」

古同學一下子心情變得很愉快，臨走一再向輔導老師道謝！

◆ ◆ ◆

宇宙博士講到這裡，休息一下，喝了一些水以後，才繼續說：

「『生命細節』的教育，在於詳細看自己每一個出現的想法、每一句說出來的話、每一件所做的事、每一天跟人的相處，看看是對身邊的人有幫助，還是有傷害？不管是人生的失敗、成功，痛苦、快樂，混亂、秩序，都能坦然直接面對，毫不逃避，建立既健康又適當的心靈。這樣的心靈，才有能力應付生活上各種的高低起伏變化。」博士又繼續說：

「這樣的心靈，所瞭解明白的生命意義，就在彼此的平等、真愛對待當中，『生命細節』的內含，就是人類平等、真愛的和平相處！」

宇宙博士說完，大家熱烈鼓掌！這才充分瞭解，雖然只是生活裡面的一些細節，當事人如果處理不適當，小事也可能變成大事。

施嬌玉署長在掌聲停後，建議進入「權勢教育」的討論。

權勢教育

人類行為學者辛冠茶教授發言：

「在咱們的生活環境裡面，可以看到有一些老師和父母，把小孩子當成了自己理想的接班人。這種行為，不是好像在小孩的四面八方，砌造圍牆，硬是把小孩關在自己的理想範圍當中嗎？」教授停頓一下，繼續說：

「咱們在電視連續劇的劇情裡面，也看到很多這樣的例子。這些長輩，把自己的理想，強迫的加在小孩身上，想塑造小孩成為這種人、那種人，這樣的長輩，所想延伸的，不是對小孩的愛，而是長輩本身的野心。不知各位同學有沒有同感？」

郝奇新同學馬上接著說：

「有，有，有，中華電視台晚上八點檔連續劇，在二零零四年夏月的『候鳥e人』裡面的劇情，就是這樣子的。」

戴崇富同學也說：

「中國電視台晚上八點檔連續劇，在二零零四年夏月的『美麗九九』也有相關的內容。」

辛教授對兩位同學說：

「請兩位同學，把故事內容講述一些，讓沒有看的同學分享一下好嗎？」

郝奇新同學就說出連續劇的部分劇情：

「『候鳥e人』女主角之一的生態解說員，受到父親權勢的逼迫，車禍受傷坐輪椅和失去記憶……，經過幾番療養折騰之後，才幸運的點燃了父親真愛火花，最後終於恢復記憶，夢想成真，當了生態解說員，挽救了一齣可怕的悲劇。」

辛教授說：

「太好了！這個故事的啟示真不錯！那麼戴同學看的連續劇又是怎樣的呢？」

戴崇富接著說：

「『美麗九九』劇中的兩位男主角，沒有那麼幸運，經過父母親的權勢壓迫，造成了真正的悲劇，一死一傷，傷的傷到連坐輪椅，都還要離家出走的地步。女主角也被父母的權勢，搞得痛苦不堪！劇情裡面的長輩，口口聲聲說愛護子女，其實只是一種強烈的支配慾，以支配晚輩，來達成所謂的心願。」

辛教授說：「權勢涉入教育，後果真可怕啊！」教授又繼續說：

「說到人類的權勢矛盾，實在太多了。就拿宗教來說，都叫人：絕對相信上帝，以博愛待人。但是，經過仔細去看教條內容，竟然包括了令人害怕的處罰，以及教派之間的敵對、猜忌。二十世紀和二十一世紀的今天，印尼常有伊斯蘭教和基督教互相攻擊的暴力事故；在印度，也常常發生伊斯蘭教和印度教的衝突，每一次衝突都是死傷很多人。在這些事故中可以看到，宗教用教派的教條、偏見塑造人，使用許多嚇人的限制，根本看不到人與人之間的平等和真愛，難怪要造成甲團體和乙團體的對立，假正義之名去殺人，所謂的『聖戰』就是這種行為，這是當今人類的一種非常不可思議行為，號稱真愛、博愛的宗教，竟然落入非殺人不可的地步！」

辛教授用不確定的語氣說：

「心眼看清楚這些可怕的權勢，選擇當下結束它，有可能嗎？」

大家聽了教授的觀察說明，以熱烈拍手，作為感謝！

施嬌玉署長說：「辛教授說的可是一針見血，希望當下選擇，知者有分。」接著，宣佈進入「教育產生的罪惡感」作研討。

真的有罪嗎？

兩性行為學者鍾史棻北說：

「由於教育的誤導，讓多數人常常以為自己是有罪的。例如愛情小說內容、電視愛情連續劇的劇情，很多是描述沈醉在愛情美夢中的年輕女子，一不小心就被騙失身有了小孩。這位未婚媽媽如果不幸被告通姦，是不是罪名確實？有沒有想到是被欺騙失身，並不知道男朋友有老婆。事實只是迷糊愛不對人而已，那裡有什麼罪呢？」

賈聰明同學加入討論說：

「那麼要認清有沒有罪，就要先找到社會教育的誤導和盲目之處才行；從根源的地方去探求、下手，罪才可能真正得到解除不是嗎？」

郝奇新同學就好奇的問：「請問誤導之處在那裡呢？」

此時，鄭充尹同學卻很輕鬆的回答：

「簡單，鍾史教授說的未婚媽媽，就是被浪漫愛情故事誤導，加以社會歷練不夠，識人不深的結果嘍！」

郝奇新同學繼續問：「那麼盲目之處又在那裡呢？」

鄭充尹同學表現出聰穎的一面說：

「竟然有人不知道，罪都是自己給自己訂立的。這裡面的重點，應該非常清楚才行，不要聽人家說這樣、那樣有罪，很快的就相信，如果隨便相信，不是既盲目又馬上受到傷害嗎？」

郝奇新還是不明白的問：「個人還是沒有抓到盲目的重點在那裡？」

鄭充尹同學不厭其煩的回答：

「先看清自己為什麼感到羞恥不安？是不是自己的想法製造了不應該、不道德的罪惡感，讓想法本身逃不出自己的圈套？事實上，這些不應該、不道德只是想法製造出來的假框框、假標準而已。閣下看到了嗎？自己建造了監獄，自己竟然被關在裡面！」

郝奇新同學馬上接腔說：

「喔！本來覺得自己很笨，當下明白了以後，又覺得還好啦！」

游發憲似乎有所發現的說：

「真的有沒有罪，古代的包青天應該最知道，在包公一生所審判的案子裡面，一切的冤屈，都有真相大白的一天。所以看包公辦案的故事，是不是很容易瞭解有沒有罪？瞭解世間的冤枉事故有多少？可以被解開的真相又有多少呢？」

宇宙博士哈哈大笑說：

「其實要知道自己有沒有罪，用不著回到宋朝去請包公辦案，只要心眼當下觀察清楚鄭充尹同學說的重點：想法的假框框、假標準，就可以瞭解自己真的有罪嗎？這一點，也正是走在人生路上，每天必須做的重要事！」

此時，施嬌玉署長說：

「罪的題目，已經討論明白了。咱們繼續下一個題目：『教育產生的恐懼感』吧！」

教育產生的恐懼

故事專業蔣顧世老師說：

「害怕也是咱們討論過的生活、社會教育的一部分。」

接著，蔣顧世老師簡述「吳牛喘月」：

「吳牛是大陸南方的水牛，南方夏天悶熱，水牛最怕悶熱，天氣熱沒有泡在水中就會喘，所以人家才會有『氣喘如牛』這樣的形容詞。水牛被長期酷熱的環境教育成看到太陽就喘，甚至嚴重到連晚上看到月亮昇起，就以為是太陽出來，然後不能自禁的喘起來！」

戴崇富說：

「故事讓人清楚，生活本身就是自然教育家。就像旱災、水災、火災、風災、地震等等的天然災害，都能把人類改變一些。」

蔣顧世老師說：

「其實人類從地球上的災害，所得到的教育並不多，災害反而讓人類看清楚，自己的防災能力很有限，因此恐懼、害怕才會隨時出現，影響整個生命的生活品質。」

鄭充尹突然有所發現的說：

「聽『吳牛喘月』故事，個人想起有一種行為學、醫學的實驗（這種實驗是一種虐待動物，站在一切生物自由、平等的立場，個人不能贊同做這樣的實驗）：每天對關在籠子裡的老鼠或其它動物，作假罵、假打、或用突然的大聲響吵牠，然後研究牠的身體、行為、健康的變化。結果這些受虐的動物，經過生活環境長期的教育，變得焦躁不安，只要稍有風吹草動，馬上恐懼發動，在籠子裡躁動、逃竄……。這種事實，完全與吳牛的反應相同不是嗎？」

蔣顧世老師回答說：「對，對，沒錯！」接著蔣老師又說：

「就是這樣，教育者應該隨時發現、減輕孩子心裡面的害怕，到絲毫沒有害怕。所以當發現教育沒有辦法免除害怕，反而增加害怕的時候，是不是要大家一起來，共同找到害怕的根源，共同檢討當前的教育做法呢？」

接著，小記者站起來發言：

「對於這方面，小記者是過來人、受害者，很願意把這些過去的事實，說出來給大家參考：

「害怕是一種與生具來的感覺，小記者從小就因為傳統成年人的不當教導，好冤枉的生存在害怕陰影裡面，這真的是傳統小孩們的不幸！」小記者繼續說：

「以前農業社會的時候，沒有電燈，大人們不但不體恤小孩害怕黑暗，反而在晚上小孩最無助的時候，使用恐嚇的話。例如晚上小孩害怕哭的時候，為了趕快讓哭聲停下來，還恐嚇說：

『不要哭，巫婆聽到會來把你抓去！』說：

『不要哭，再哭就把你賣掉！』說：

『不要哭，大野狼聽到會來把你吃掉！』有時候，為了怕小孩貪玩亂跑而找不到人，會恐嚇說：

『天黑了，鬼就會跑出來，你不怕嗎？』」

「更有些愛炫耀又沒有社會教育概念的成年人，常常當著小孩在場的聚會中，大談令人驚恐的鬼故事；尤其故事裡面的鬼出沒地點，是在小孩上學天天經過的路上，想想這樣的傷害可以說不大嗎？這些全部都是小記者的親身經歷，而傷害的撫平，是以幾十年計的，人生有多少幾十年？就這樣，清清楚楚的看到了傳統社會教育的底細。」小記者繼續敘述：

「害怕在生活上到處可見，小記者從小，就被長輩在脖子上掛了紅絲線，線串著古錢或靈符，其目的就在求平安、免驚嚇。說起來大人們的行為蠻矛盾、蠻諷刺的，一方面用紅絲線、古錢、靈符給小孩求平安、免驚嚇，一方面又出言恐嚇小孩！到了二十一世紀來臨的現代，多數人的摩托車、汽車上，還是掛滿了類似的求平安的東西。說穿了就是害怕不如意、不好的運氣到來，利用它來討吉利、當擋箭牌不是嗎？」

宇宙博士加入說：

「在小記者的故事中，清清楚楚看到人類的害怕心理的同時，是不是同時看清楚人類教育的可貴和浮濫了呢？」

小記者語重心長的說：

「小記者親身經歷的反面，是否算適當的教育呢？所以，身為教育者，在每一次和受教學生接觸的當下，如果發現了害怕的幼苗，是不是必須馬上加以處理，讓所有的受教心靈，完全沒有害怕的陰影存在。害怕的心靈，會產生完全不一樣的生活品質，會嚴重扭曲一個人的一生，應該絕對受到重視才是！」

宇宙博士接著說：

「小記者說的極是，人的心裡，如果沒有恐懼、沒有前面討論的罪惡感存在的話，將是一個多麼輕鬆愉快的人啊！」

探討到這裡，師部長請大家給發言者熱烈掌聲！然後宣布作上午第一次休息。

當研討再展開的時候，施嬌玉署長徵求說：

「對於教育的探討，目的在重視和實踐。接下來請署內老師，為大家講『重視教育的人物』，那位老師起來為大家服務？」

一位老師站起來，說：「個人是署下老師辜世汪，願意為大家服務！」

重視教育的人物

孟子的母親

辜世汪老師說：「孟子的母親就是一位非常重視教育的人，個人就來講孟母重視教育的部分，也就是《三字經》的『昔孟母、擇鄰處；子不學，斷機杼』」：

◆◆◆

孟子小時候，家住公墓旁。因為天天看到人死家屬悲傷的啼哭，還有祭祀跪拜儀式，就和鄰居的小朋友，一起扮演了起來。

當孟母看到孟子和鄰人小孩玩這種遊戲的時候，馬上認為住在這裡，對孩子有不良影響，於是就把家搬到市區的市場旁邊。

孟子在市場旁邊住沒多久，又學會了做買賣的口才，討價還價、招呼客人的種種語氣。孟母覺得孟子的學習能力又快又強，應該上學才對，於是再把家搬到當地的學堂旁邊。

住在學堂旁邊的孟子，看到別人天天上學讀書，講話出口成章，對人彬彬有禮，做人做事有規矩、有秩序，也要求去讀書。孟子上學不久，也都學會了各種的禮儀。孟母對於這樣的結果，心裡自然非常滿意，再也不搬家了。

有一天，孟子在上課時間跑回家來，孟母當時正在織布，看到孟子以後，就把織布機停下來，拿剪刀把剛織好的布剪斷了。孟子被母親突如其來的舉動，感到十分驚訝，就問母親為什麼？孟母說：

「讀書不用功跑回家來，和織布織了一半剪斷，不正是半途而廢嗎？」

孟子本來就很聰明，當下就明白母親苦心，就乖乖回到學校去上課。

孟子得力於母親的重視教育，後來果然成為歷史上，有名又有學問的人。

◆　◆　◆

故事講完，大家熱烈鼓掌感謝辜老師。接著署內孔今仁老師，也起來介紹自己，說要講孔姓祖先重視教育的人。

孔子的學生曾參

曾參是孔子的一位有名學生，不但自己在孔子那裡是個優異學生，同時也很注重教育。

有一天，曾參的妻子要去市場買東西，兒子要跟著去，曾妻為了不給兒子跟去，就隨意哄騙兒子說：

「好好在家等著，媽媽回來的時候，會把家裡的那頭豬給宰了吃。」

兒子聽媽媽這麼說，就留在家裡等著。

曾妻回來的時候，看到曾參和兒子兩人正在抓豬，準備宰豬。曾妻慌張了，趕快把曾參拉到一旁耳語說：

「只不過是騙騙小孩，不讓跟出門而已，怎麼把話當真了？」曾參回答說：

「打發小孩必須看情況，不可以隨便的。孩子是把父母的話當真而模仿父母的；如果今天欺騙了小孩，不就等於在教小孩，可以不守信用，隨便騙人嗎？」

曾妻聽了丈夫的這番話，覺得道理很正確，就只好讓曾參把豬給宰了吃。

◆　◆　◆

孔今仁老師繼續說：「曾參重視教育的程度，不亞於孟子的母親，有相當的教育智慧。咱們平日看電視新聞，就看到許多大人、小孩，做了欺騙的事，這就是教育的關係！」

施嬌玉署長說：「是啊！所以才請老師作提醒。好，大家鼓掌感謝孔老師！」大家馬上以熱烈掌聲，感謝孔老師。

之後，施嬌玉署長忽然問：「那位同學有這一類的故事，可以在這裡講給大家聽？」鄭聰尹同學聽說，馬上就站起來，要說故事。

歐陽修的母親

鄭聰尹同學說：「這個重視教育的人，就是歐陽修的母親。這個故事是唸小學記得的，因為它和主題有關，僅供參考。」以下是故事內容：

在宋朝，有一個名叫歐陽修的人，小時候家裡很貧窮，窮到沒有錢買文具。

歐陽修的母親，是一位重視教育的人，雖然沒有錢可以買文具，還是不放棄對歐陽修的教導。有一天，歐陽修跑到河邊去折了許多蘆荻的莖稈回來玩，歐陽修的母親覺得蘆荻的莖稈還蠻硬的，於是開始利用蘆荻的莖稈來當作筆，在地上，教歐陽修習文寫字。

經過母親長期苦心的教導，歐陽修果然學有所成，後來真的做了官。歐陽修雖然當了官，母親還是不厭其煩，教導歐陽修利用官職，更愛護貧窮百姓。

歐陽修一生的成就，可以說完全是母親重視教育的成果。

故事講完後，大家也熱烈鼓掌感謝。

掌聲之後，師享部長宣布結束「教育」這個主題的研討。並宣布接下來研討師享部長本人的專司「思想」這個主題。

認識思想

一開始，師享部長解說思想文化：

「思想文化就是心裡的影像、念頭不斷滋生、不斷動作的結果。能夠把影像、念頭抓住，加以記錄或拍攝下來的，就是作家、戲劇家、思想家。」部長繼續說：

「所以，思想具備最多技倆，也最會演戲，只要思想在，戲是演不完的。」

賈聰明同學忽然大聲插嘴說：「如果思想休息了，不就沒戲唱了嗎！」引起了一陣哄堂笑聲。

鄭聰尹同學也接著說：「所以作家、戲劇家就是製造大量的慾望、大量的愛與恨，以恨破壞愛情，然後在錯綜複雜裡面，讓慾望、愛情一一的達到圓滿，或破壞以後的部分圓滿，來完成一部小說、電影嘍！」

師部長回答：「對，就是這樣。人類的生活，也是這樣不是嗎？其實戲劇可以讓一個人看清真相、領悟道理、邁向自由，……」

賈聰明又插話說：「戲劇也可能讓一個人神魂巔倒，誤入歧途、意外叢生不是嗎？」

師部長回答：「沒錯！」

賈聰明繼續說：

「俺小時候看《西遊記》的漫畫，看到孫悟空乘著雲朵飛來飛去，感到十分羨慕；現在的飛機，雖然能夠坐很多人，還是沒有騰雲來得方便。可見拿思想的假設來加以實行的結果，還是有很大的落差。」

師部長回答：「是啊！」

鄭聰尹又加入話題之中：

「現代人的思想更厲害了，看看日本的漫畫和卡通，不用任何工具，就可以飛在空中，自由的來、自由的去，或在空中打打殺殺的，真是不可思議呀！」

師享部長說：

「這就是人類把物質世界不能得到的理想和慾望，利用漫畫、卡通和接近偶相方式來完成它！」

鄭聰尹說：「日本的漫畫和卡通的內容，就是最明顯的詮釋和證明嘍？」

師部長說：

「正是如此！外國神話小說、電影《阿里巴巴》、《阿拉丁神燈》、《哈利波特》

以及中國電影、電視劇中的神、鬼的出現與離開，都是人類思想的天馬行空表現！」

賈聰明又接著說：「那二十世紀末，二十一世紀的現在，影、歌星的簽名、演唱會、還有影、歌星的機場迎來、送去，一片瘋狂尖叫，狂歌猛舞，都是人類生活壓力的一種釋放和思想的不可思議狀態嘍？」

師部長說：「是啊！人類發明的電影、漫畫、卡通，就是藉著它進行思想的行動和夢想的實踐。」

竇淮儀同學介紹自己，然後用懷疑的語氣說：「這些思想的行為，實在嗎？」

竇淮儀提出思想實在嗎的疑問之後，師部長就請故事專業蔣顧世老師，為大家說有關的故事：

思想實在嗎？

在大陸北方，有兩個從小就認識的朋友，後來一起出家當了和尚。兩個人不同的地方是甲和尚富有，乙和尚貧窮。

有一天，乙和尚向甲和尚表示想徒步到南海去朝拜觀音，問要不要一起去？

甲和尚回答說：「其實在幾年前就已想要去，一直因為路途遙遠，想帶的東西很多，所以一直拖延到現在。閣下現在什麼東西都沒有準備，要如何去呢？」

乙和尚不以為然的說：「個人覺得還是決心最重要，帶個缽、一件禦寒衣物、一根防身趕狗棒就夠了。」

甲和尚聽了笑著說：「路途可是地北天南之遙，那有憑空想像這麼簡單？」

乙和尚不同意甲和尚的想法，帶了個缽、一件大衣和一根趕狗棒，辭別了甲和尚，一個人孤單的上路了。甲和尚對乙和尚這樣的舉動，感到非常不可思議，也不敢相信可以成功回來。

乙和尚一路上逢山爬山，遇水搭船，無法搭船就繞道而行，肚子餓了向人化緣，夜晚借宿寺廟，沒有寺廟的地方，或找個山洞、一間破廟、一棵大樹下，渡過一晚。雖然經歷了前所未有的辛勞，仍然堅持到底，毫不退縮。經過了整整一年的餐風露宿，終於來到了南海，完成了徒步朝拜觀音的一生最大心願。

又經過了一年，乙和尚才回到了北方。當乙和尚再見到甲和尚的時候說：「經過了兩年長期的遠行，總算達成南海朝聖的願望，也特地帶回一本經書，送給閣下作為紀念。閣下未能一同前去，真的感到很可惜！」

聽了乙和尚的話以後，甲和尚感到十分驚訝的說：

「想不到去南海真的是靠決心和行動，不是自己所想的那麼困難，事實已經讓人明白，人心裡的想法，並不實在、並不可靠啊！」

◆　◆　◆

蔣顧世老師把故事說完了，竇淮儀同學的疑問也有答案了，師部長就問：「同學們有其它問題的話，請提出來討論。」

文倜多同學就提出問題說：「那麼思想能夠公平對待，將心比心嗎？」

蔣顧世老師就說了：「故事通常會帶給人們意想不到的答案，所以，請再聽下面這個故事。」：

將心比心

人類都說住在水井裡面的井底之蛙，見識狹隘。

有一天，被人帶來水井口喝水鳥籠裡面的畫眉鳥，聽到了井裡面的青蛙和鯽魚談話：

甲青蛙用愉快的口吻說：

「想不到人類的不經意，把咱們青蛙拋下這個大水井來，竟然是不錯的青蛙樂園！」

乙青蛙問：「閣下是怎樣感覺到快樂呢？」

甲青蛙得意的回答說：「這幾天，到井口來打水的人們，都哀聲嘆氣的訴說著：『都快一年沒有下雨了，地上的草木也已經乾枯了大半以上，要不是這裡有一口活水井，真不知道要那裡去找水喝呢？……』咱們住在這裡，什麼都不缺乏，難道閣下不覺得這裡就是青蛙天堂嗎？」

井裡面的鯽魚，聽了青蛙的話以後，甲鯽魚就對青蛙說：

「打從被小孩子丟下井到現在，俺就一直在抱怨運氣不好，來到這光線不夠亮的地方！剛剛聽了青蛙先生的一番話，倒覺得自己還算蠻幸運的！」

乙鯽魚也用愉悅的話說：

「是阿！真的有點人在福中不知福呢！雖然，這裡的空間暗一點，但是，生活可是無憂無慮的，至少沒有人類乾旱的煩惱！」

鳥籠裡的畫眉鳥，聽了青蛙和鯽魚的對話以後，馬上很不高興的在青蛙和鯽魚前面提出了對人類的抱怨：

「說到人類就令人光火！同樣是動物，卻是一種令人費解的動物，大家總是說人類是最聰明的，但是，這些聰明的人類，竟然不曉得鳥的翅膀，是用來做什麼的？人可以天天離開運動場，到其它地方去運動，卻把有翅膀的鳥，關在鳥籠裡面，請問各位這是什麼道理？」

蔣老師把故事說完了，大家除了拍手感謝，同時也感覺到籠鳥的強烈抱怨和指責！

◆　◆　◆

游發憲卻突如其來，大聲的說了一句：

「人類對待所有的鳥，應該像對待黑面琵鷺一樣才對！」大家聽後，也熱烈鼓掌，表示意同意。

游發憲卻仍然意猶未盡的提問：

「蔣老師的兩個故事，都暴露了人類思想的缺失，於是個人就不禁要問，這是為什麼呢？」

師享部長說：「蔣老師的故事，顯示了思想的兩種狀態，一是不實在，二是不平等；這都是思想文化內容的一部分，只要大家繼續研討下去，思想還有那些內含，以及內含的為什麼，自然會一一被找出答案來！」

宇宙博士說：「部長說的對，只要認真探討，必然會有答案！不過，在冗長的研討前，個人有個簡單的說明，倒可以回答為什麼？」

想法和自然

宇宙博士就繼續說：

「思想聽到了任何聲音以後，馬上有喜、怒、哀、樂的心情，心情也立刻影響往後的行動。例如：聽到喜鵲的叫聲，有可能喜上眉梢，適值要結婚的人聽到，自然加快了辦喜事的時間；如果在黑夜或惡劣氣候，聽到了狂風怒吼的聲音，馬上會產生對自身生命財產的擔憂；身處在淒風苦雨中也一樣，難免對自己的行程，會充滿悲觀的氣氛；相反的，聽到輕鬆的音樂的時候，相信很多人會隨著節拍起舞，心花開帶動身花朵朵開！……對不起……。」

宇宙博士停頓了一下，拿起杯子喝了一口茶，才繼續說：

「所以，所謂的思想，就是不斷的產生變動，變動的速度幾乎到不可思議的地步，是故，咱們看到一的時候，就不一定是一了，因為可能很快變成了二或三，乃至更多，都是可能的……。」

宇宙博士繼續說：

「相反的，道家說的自然，卻是聽到了任何聲音以後，只有單純的欣賞，不產生喜、怒、哀、樂進一步的思想、行動作用，還是靜靜的、靜靜的。所以，自然看到一只是一，非……常單純的一。」宇宙博士繼續說下去：

「當琴聲揚起，大自然的聲音就被取代了，一樣，當思想生起，大自然的神秘力量就被思想擋住了。」宇宙博士說下去：

「只要咱們注意，到處可以看到人們的思想，它好認真、好忙碌，不停的追求著知識和慾望。同時，利用心眼當下全心專注，會看到自然，好自然！天天輕輕鬆鬆、自自由由、沒有任何的負擔！」

宇宙博士說完接著問：「不知道大家對思想和自然裡面，有沒有找到游同學所問的答案？」宇宙博士不等大家回答又問：

「問題是：魚在水裡面，如果從未離開過水，有可能知道水的存在嗎？同樣，人在有生之年，從未生過病、失去自由，有可能瞭解自由自在嗎？」

賈聰明立刻回問：

「博士的意思是說，離開過水又回到水裡的魚和大難不死的人，就會知道水的重要和得到身心自在嘍？」

宇宙博士回答：「那倒不一定，但，至少會有所瞭解。」

鄭聰尹接著說：「所以，使用思想來瞭解自然，只是自然的皮毛而已！」

賈聰明又笑著說：

「所以，跑到思想國去找自然，有一點像跳入茫茫大海去撈針嘍！」

宇宙博士也用愉快的口吻回答：「沒錯！」

這時候，戴崇富同學也加入討論：

「思想總是在迷宮裡面，無知的努力著、重複著……大家都知道白鴿和烏鴉的羽毛，是天生的白色和黑色，同樣，人類的思想，習慣比較、分別，因此就有喜歡白鴿和討厭烏鴉的事實，這『聖靈好像白鴿一般的降臨』，就是證明；又，當一個人要出門的時候，忽然間看到烏鴉或聽到烏鴉的叫聲，就預言不祥，因而產生恐懼，甚至不敢出門不是嗎？」

師享部長說：「思想就是這樣，戴同學講得很貼切！經過討論之後，可以明白宇宙博士說的『用心眼當下全心專注，看到自然』是多麼的重要！」

接著，師享部長宣布上午第二次休息。

認識定論

休息過後，師部長請酷似「陶氣阿丹」爸爸的定論署游丁倫署長，主持主題「定論」的研討。游丁倫署長一面用手去整理近視眼鏡，一面講一些客套話之後說：

「請大家一起來認識：人類思想文化所形成的「定論」。」

利用定論動手腳

游丁倫署長接著說：

「古人所制定的斗斛、秤子、印信、仁義、法律，就是一種定論，主要是用來調整人類生活的亂象。但是，很遺憾的，咱們還是看到小偷假借、利用這些制度，暗中動手腳，進行欺騙。」

小記者年輕時，就親眼目睹這樣的行為，所以就發言：

「小記者每一次挑水果去賣，在過磅的時候，那些小販都用腳去頂秤子，要不是注意力集中有看到，否則難免上了小販的當。從這樣的事實，才充分瞭解到古時候，為什麼有人說：『聖人不死，大盜不止』？從可以看到的偷斤減兩、使用假印信（就是現代的假提款卡、假信用卡、上市公司作假帳），到偷、盜、殺，出事之後，就藉口說是為了『仁義』而做的，把自己的行為推給『盜亦有道』」。

專門研究人類行為的學者辛冠茶教授接著說：

「現代的戰爭、宗教殺戮也一樣，或藉『上帝之名』，或說行『仁義之師』，事實上，上帝的博愛和真正的仁義，應該是完全沒有戰爭、永遠沒有殺戮才算。」

小記者繼續說：

「『聖人不死，大盜不止』表面上是罵人，其實是看清楚制定的任何法律、制度，仍然無法終結人類的偷、盜、殺的一句無奈加嘆息！」

游丁倫署長繼續解釋「定論」說：

「定論就是把所認識的、所學到的，加以定型在思想裡面，變成自己的既定原則，這種做法，就像水井下面的青蛙視野，僅限於水井之內。」游署長說下去：

「既定的看法，認為應該這樣、那樣，乍看之下，好像很對、很有道理，事實不然，定論只是個人或者一部分人對這件事的看法而已，並不是所有人的看法，所以，根據自己的定論做出來的事，不一定能得到社會大眾的認同。——個人的解釋到此為止，接下來請故事蔣老師，說個有關的故事好不好？」

蔣老師站起來說：「當然，當然！」然後講了以下的故事。

定論風雲

假如對歷史稍有涉獵，就知道項羽和劉邦是當時爭天下兩股勢力的領導。兩股勢力互相爭戰了許久，很難分出勝負。項羽的確相當神勇，經過多次戰役，劉邦仍然無法取勝。

後來，劉邦看清了楚軍和項羽的思想定論，才利用它來打敗項羽。

著名的成語「四面楚歌」，就是劉邦利用楚軍的思鄉定論。命令所有漢軍在夜間唱楚國的歌，讓楚軍聽了以後，非常思念久別的家鄉，又讓項羽和楚將聽到四面的楚歌，以為已經被重重包圍了，因而將軍心、士兵心大亂，然後劉邦趁機全力進攻，一舉擊潰楚軍，最後把項羽逼到烏江，因「無顏見江東父老」走投無路而自刎。

「無顏見江東父老」就是項羽的定論（自尊心、面子），也是劉邦致勝的關鍵。當項羽面臨四面楚歌時，唯一的生路就是回去「楚國、江東」。但，卻被自己的思想定論：「失敗者，還有什麼臉回去見江東父老？」硬是堵死！

◆　◆　◆

蔣老師故事講完，大家都拍手感謝！

賈聰明好像對故事十分了然，一面咋舌一面說：

「好可怕的定論！好可怕的定論呀！」

接著，師部長用徵求的口吻說：「誰來對定論繼續作剖析？」

人類行為學者辛冠茶教授，接受要求站起來說：

「蔣老師剛剛的故事，可以讓人看到：定論和肉體，誰才是兇手？」

誰是兇手？

辛教授繼續說：

「定論的形成是因為不同的生活環境、不同的家庭背景、不同的教育程度。現在是二十一世紀的多元社會，思想多元應為常態。但，世界出現紛爭的基本原因，仍然是思想的標準互異不是嗎？」辛教授說下去：

「美國受到恐怖攻擊，出兵打阿富汗、伊拉克，就是思想分別彼此，思想標準互異的戰爭。美國人自問：『美國人錯在那裡？』所謂的恐怖組織、阿富汗人、伊拉克人也認為本身沒有錯。那麼誰有錯？誰有罪呢？問題就在各有各的標準定論。美國人的標準定論認為恐怖組織有罪，海山有罪；對方的標準定論卻相反，形成勢不兩立才打起來。」辛教授繼續說：

「所以，人類的思想，如果沒有什麼標準，沒有既定之見，還會因為標準、定論而互相殘殺嗎？那些因為思想的標準和偏見而受害、冤死人的家屬和親人，有幾個人知道真正的殺人主謀，就是思想的標準和定論，而不是拿刀槍、發射炮彈的肉體呢？」

宇宙博士此時也加入討論說：「由蔣老師、辛教授兩人探討，讓咱們覺得：『固執己見，遇事定論』，是多麼可怕的行為呀！」

師部長也贊同的說：「是呀！」

辛教授繼續說日常生活看到的實況：

「有一天，在中午休息時間，公司同仁在一起觀看電視午間新聞的時候，甲同仁忽然向鄰座的同仁認真的問：

「為什麼電視裡的傷害畫面，總是重複不去？」

乙同仁回答說：「這些人多數在做夢吧？」

甲繼續問：「是不是人類的思想定論害了自己本身？」

乙同仁回答：

「閣下是說思想不瞭解自己，看不清自己的行為一直在傷害著它自己？」

甲同仁說：「難道不是嗎？」

這一次，乙同仁反問：「思想的眼睛，要在怎樣的情況下，才能發現對自己的傷害，不再重蹈覆轍呢？」

甲同仁似有所悟的回答：「那就要問思想，可不可以不再定論？」

辛教授接著問：「甲同仁的話，思想能回答嗎？」

一時之間，同學們彼此看來看去，竟然沒有人替思想回答。宗教哲學學者余敦務教授加入說：「咱們一開始在心眼當下的入門處，不是已經瞭解思想的休息、淨空、水無痕嗎？所以思想當然可以休息、淨空、水無痕，不再定論嘍！」

經余教授一提醒，大家心裡馬上都出現一個「對」字！

游丁淪署長也說：「對，余教授的提醒，正是時候！」接著宣布把主題轉到定論的「標準、方法、公式」。

標準、方法、公式

游丁倫署長繼續說：

「製造業使用同樣的方法、過程，製造出同樣的東西；廚師用同樣的食物、配料和方法做出一樣的菜餚。數學老師，依既定的公式，算出答案。所以，標準、方法、公式也是思想文化的一部分。——有關本主題，請大家多多發表意見！」

蔣顧世老師馬上就站起來，講了一個有關的故事。

利用標準救自己

時間回到春秋時代的晉國。

這一天，晉平公設下了盛大的宴席，款待許多的貴賓。

宴席中，侍者送上來的其中一盤烤肉裡面，竟然發現了幾根長頭髮，讓貴賓們覺得很不衛生，也讓晉平公感到大失面子。因此，晉平公很生氣，當場就命令手下，把這位不負責任的廚師，推出去正法。

廚師知道是遭人陷害，但晉平公卻一點都不知道，所以就故意大聲的說：

「下人有三大死罪，下人自己是知道的？」

晉平公雖在氣頭上，但仍想聽廚師怎麼說？於是說：

「好，就給你一個機會，讓你死得心服口服。」於是廚師說：

「下人切肉的刀，鋒利到骨頭一砍就斷，但這發現的頭髮，卻完好沒有斷痕，這是一大死罪。炭火烤肉，肉都烤熟了，肉皮也焦了，但這頭髮，卻好好的，是二大死罪。肉烤好以後，下人曾經把全部烤肉仔細檢查，把燒焦的部分去掉，卻沒有看到頭髮，就是第三死罪。根據以上烤肉的標準流程，在侍者從下人手中接過烤肉盤以前，是完全沒有問題的，所以，是不是端烤肉的侍者，要害下人呢？」

晉平公被廚師一說，才驚覺自己的確糊塗了，立即找到端烤肉的侍者來嚴加盤問，果然是這位侍者，陷害了廚師。

蔣老師說完故事，順口問道：

「生活的機械、重複再三，是不是把人心也弄糊塗了？不然的話，晉平公怎麼會輕易的就定廚師死罪呢？」

辛冠茶教授就回答說：

「根據觀察，製造技術可以沿用、沿襲昨天的標準、方法，因為它是機械、固定的。心的理解決不可沿用、沿襲昨天的標準、方法，因為人心是變化、不定的。所以，晉平公的確糊塗了。但，被陷害的廚師，卻靠烤肉的標準流程，證明流程沒有疏忽而救了自己。可見人心只要夠機警，還是可以化解飛來橫禍的。」

宇宙博士加入討論說：

「所謂心的機警，就是咱們前面學到的心眼當下的清楚觀察了。心能夠當下看清，才有可能對生命有深刻理解。看清只須詳細看，不必沿用、沿襲前人的標準和方法，不必跟著別人走。」

蔣老師就問：

「據宇宙博士所述，心的理解不必標準和方法、不必跟別人走。那麼在咱們實際生活裡面，看到的許多法則、原則，是助力還是阻力呢？」

宇宙博士回答說：

「個人這裡，倒有一個『改變標準，卻不增加人力、物力』的故事，可以適切的回答蔣老師之問。」

改變標準的智慧

故事背景是明朝的一位甲縣官。

有一天，甲縣官接到上級公文，指示要擴建城垣。於是縣官就著手進行規劃，計算須要用到多少錢糧？多少工人？多少建材？工期預計幾天？當錢糧向百姓徵收完畢，一切計劃妥當，準備要開工的時候，卻又接到上級的指示，要把原案所有的城垣，全部加高三尺。

這真是一件棘手又麻煩的事，雖然要再度徵收的錢糧不多，但實際徵收卻不容易。工程人員經過幾次的開會討論，結果只有再度增收錢糧才行。但是，甲縣官為了愛護老百姓，卻想出了「改變標準」的法子，此法可以不再增收百姓任何錢糧。

隔天，甲縣官親自來到磚窯巡視，當看到製磚的模子的時候，故意說磚模有問題，又假裝很生氣的叫手下把原來磚模全部毀掉，然後對磚窯主人說：

「明天會派人把新的磚模送過來，照著新模子做就可以了。」

第二天，磚窯的工人看新的磚模，和原來的並沒有什麼不同。事實上，甲縣官是把磚模的尺寸加高了一點點，讓新磚在建好城垣時，剛好可以增高三尺。

在城垣完工的時候，上級要求的高度達到了，卻不必增加人力、物力和金錢，讓所有知道這件事的人，無不佩服甲縣官「改變標準」的高明。

◆ ◆ ◆

宇宙博士說完故事，問大家：「現在各位認為生活上遇到的法則、原則，標準、方法是助力，還是阻力？」

大家都拍手回答：「阻力！」

宇宙博士又繼續說：

「天象、物理、製造過程等等公式的遵循、遵照，是因為它對生活有幫助、有利無弊的實情。如果人類永遠都根據鐵則、公式做事，就不會有現代的電腦業。二十世紀電腦業的興起，二十一世紀電腦業的蓬勃發展，都是在勇於打破鐵則、敢於突破公式不是嗎？」大家又熱烈拍手，同時回答：「是！」

此時，小記者站起來發言：

「剛剛大家討論出來的標準改變、打破鐵則、突破公式，就是心的『不定論』，所以，小記者就趁機為大家講個人在當兵的時候，所發現的『不定論』。大家聽了，馬上就拍手鼓勵。

師享部長插入說：「小記者請稍等，」然後面對「稜形胖子」不定論署卜汀淪署長笑著說：「請相撲手出場露一手給大家看吧！」

卜汀淪署長也笑臉相向，鞠躬像點頭的向大家致意說：

「歡迎大家一起來認識『不定論』的智慧！」然後面對小記者說：

「還是先請小記者發表高見吧！小記者，請！」以下是小記者的故事：

認識不定論

三十年河東，三十年河西

小記者當兵的時候，有一段時間，部隊駐紮在相當高的山上，因此，天天可以看到千變萬化的美麗雲海，在心靈上，可能因而受到某種程度的洗滌，和曾姓朋友兩人，同時發現「不定論」的事實。

小記者對曾姓朋友說：

「個人覺得人世間的任何事情，都沒有一定的脈絡可尋，就像人家講的三十年河東，三十年河西那樣，世事盛衰成敗很難定論。」

曾姓朋友說：

「是啊！看過有些人，也包括自己，常一時非常想得到某種東西，有的人是盡用千方百計，有的人是盡歷千辛萬苦，多年之後，好不容易才得到手，但是，卻覺得它，並沒有想像的那麼美或那麼需要，所以，過些時日以後，竟將它棄置如大馬路上的石頭一般，幾至視而不見。忽然發現自己這個樣子的時候，曾仔細的問自己，這是為什麼？是初心不再？還是當時的慾望是虛假的呢？」

小記者問：「問的結果呢？」

曾姓朋友說：「就是初心不再，當時的慾望不再有了。」

小記者問：

「這種情況，就是『不定論』。咱們可以看到，人們不管給什麼事，做什麼結論，這些結論，都不見得是最後真正的事實真相！」

曾姓朋友說：

「是啊！就拿人生不如意事十之八九為例，思想雖然用盡各種方法，延續快樂、慾望，但，事實卻常常是背道而馳的，所以，雖然很誠懇的祝人如意，人家卻不一定能夠如意！」

小記者繼續說：「這就是『不定論』了！祝人如意，就是思想要自己、別人如意的『定論』，真正的事實卻不是這樣，顯露了『不定論』」

曾姓朋友說：「簡單說，如意就是思想的慾望想像，不如意卻是真相！」

小記者答：「正是，正是！」

◆　◆　◆

卜汀淪署長聽了小記者的故事後，說：

「小記者的確把世事沒有結論的『不定論』發現了。謝謝小記者的故事！」

接著，師享部長宣布上午第三次休息，之後午餐。

下午一點，研討開始的時候，卜汀淪署長先說一個與「不定論」有關的故事。

定，不定論？

塞翁是一個住在邊境要塞村裡，精通預言的人。

有一天，塞翁養的馬，忽然越過邊境，跑到胡人那裡去了，鄰居們知道了以後，都說好可惜！唯獨塞翁卻不以為然的對鄰居們說：

「大家都說馬跑了是一件壞事，個人的預言卻是一件好事！」可是，鄰居們都不相信。

果然，過了幾個月，馬自己跑了回來，並且帶來了一匹胡人的駿馬。鄰居們知道了以後，都來向塞翁賀喜，但是塞翁還是不以為然的對鄰居們說：

「大家都說駿馬來了是一件喜事，個人的預言卻是一件憂事！」鄰居們都說不可能！

真的，塞翁的兒子因為喜愛駿馬，天天騎在馬背上不下來，有一天卻不小心跌斷了腿，鄰居們知道了這件事，都跑來慰問說真不幸！塞翁又不以為然的對鄰居們說：「大家都說跌斷了腿是不幸的事，個人的預言卻是一件好事！」鄰居們聽了都覺得這個父親真無情，怎麼可以把兒子斷腿當好事？

過了一年，胡人派兵打過來，村子裡的年輕人，都被征調去當兵抵抗胡人，這些去參戰的人，死傷數目非常多，而塞翁的兒子，真的因為跛腳不能當兵，才沒有受到傷害。

◆　◆　◆

卜汀淪署長繼續說：

「人家認為是災禍的，塞翁不認同，卻帶來了福運，人家認為是好運的，塞翁持相反看法，結果不幸言中。這正是人家常說的造化無常啊！一般人的想法，那裡能夠去預測呢？」

師享部長接著說：「卜署長說的故事，就是『不定論』的最貼切證明了。」

卜汀淪署長請大家繼續踴躍發言。

賈聰明同學說：「賽跑也是『不定論』的，因為在還沒有跑完全程之前，勝負是不定的。」

鄭聰尹同學問：「如果烏龜說要和兔子賽跑呢？」

賈聰明回答：

「頭腦知道烏龜走路很慢，兔子跑很快，所以馬上就『定論』兔子會贏。但是，烏龜和兔子賽跑的結果，並不是頭腦想的那樣。因此，讓人們看到了『不定論』的真實和『定論』的不實。」

文倜多同學加入討論說：「大家都知道砒霜是毒藥，這也是『定論』」

游發憲同學馬上回答說：

「在二零零四年夏季，台灣電視台播出的韓國神醫連續劇，劇情裡面的名醫，卻把砒霜以特別的用量來配合其它的藥，變成了有用的特效藥。可見砒霜是毒藥的『定論』在這裡，變成『不定論』」

這時，鍾富和同學說：

「神醫連續劇也是個人喜歡看的一部戲。劇情裡面還有使用相同的一付藥，去治療相同病症的兩個人，結果其中一人被治好了，另外一人卻因此死掉了。用同樣的藥去醫治同樣的病，也是『定論』，然而『不定論』卻是事實真相，因為就是有一個人因此死了！所以，『不定論』卻讓醫生明白：醫病處方，不可千篇一律！」

同學們的熱烈討論，讓卜汀淪署長拍手稱讚說：「精彩！精彩！由此可見，同學們對『不定論』已經有相當深入的認識，真是難得呀！」署長的拍手，引起大家熱烈掌聲，鼓勵發言討論的同學。

掌聲之後，蔣顧世老師說：「個人這裡，倒還有一個相關的故事可以講。」大家聽了，又是一陣掌聲鼓勵！

河神娶妻

一般人如果生了一個漂亮的女兒，是一件相當高興的事。但，如果是住在鄴縣的百姓，生了美女，就高興不了，而且非搬家不可了。因為當地經常洪水泛濫，地方人士迷信用美女祭河神，並且巧立名目為嫁給河神。

新縣令西門豹，知道這是神棍利用天災，製造出來的迷信，於是就在河神娶妻的儀式進行中，先派人讓當天的新娘遲到，再以這樣的理由，向主事的神棍說：

「主事先生，新娘遲到了，閣下先去向河神稟告，以免河神生氣。」一面說著，一面命令手下把主事丟到河裡去。過了一刻，又對副事神棍說：

「是怎麼回事？主事先生到現在還不回來，閣下下去看看主事怎麼沒回來？」又命令手下把副事神棍丟下河去。其餘的神棍見狀，害怕得全部溜走了。

縣令西門豹就當著在場的縣民作開導：

「鄴縣歷年來水災不斷，是因為河床淺，缺乏整治的關係，並不是什麼河神發怒要娶妻。所以，從現在開始，本人要親自帶領大家，一起建造河堤，疏通河道，將來就不會再發生水災了。當然，本縣也同時廢止河神娶妻，這種惡劣的迷信。」

蔣老師講到這裡，有意讓同學們發揮一下探索的興緻，就說：

「請各位同學針對剛剛的故事內容發表意見！」

賈聰明馬上接著說：

「生一個漂亮女兒，人人感到高興，是『定論』。在鄴縣西門縣令到任前，生漂亮女兒，卻是『不定論』」

游發憲同學說：

「去當兵以前的體檢有標準，身高不夠，體重過重、過輕，視力不佳，或身體有殘障……，都『定論』不夠資格當兵。在社會上，也『定論』身體有缺陷，當不了兵的人不夠完美。如果發生戰爭，最不受戰爭傷害的，就是這些不夠完美的人。目前的社會，殘障的人才享有國家、社會的各種優惠，這又是『不定論』！」

蔣老師聽了兩位同學的意見，拍手鼓勵，大家也熱烈鼓掌鼓勵。

接著師享部長說：「『不定論』就討論到這裡結束。接下來請分別署游芬蓓美女署長，為大家主持「分別」主題的探討。

美女署長一句：「大家好！」馬上成為眾人目光的焦點。每一個人看到玫瑰花似的游芬蓓署長，都會不自禁的說：「好美唷！」第二次有美女主持研討，也讓大家覺得「心」國文化部美女真不少！

游芬蓓署長微笑如花的行禮致詞說：

「歡迎大家一起來認識人類的分別心，雖然在「教育」主題研討時，已經有過相當的討論，但這裡才是正式研討「分別心」，所以，請繼續提出高見！」

認識分別心

兩性行為學者教授鍾史棻北發言說：

「分別心把一個團體變成兩個，或更多，然後編理由說：『這樣才有競爭，有競爭才能成長！』」

賈聰明同學接著說：

「分別心把一個圓切開，彼此各分一半，認為這樣才是真正擁有，分家就是這一種；或許美其名為化繁雜為單純，或者說化大圓變小圓更美觀！」

鄭聰尹同學說：「兩位所說的情形，明裡是成長、單純、美觀，暗地裡是不是有自私心在蠢動著？」

小記者接著說：

「事實就是這樣，以小記者的個人經歷，親眼目睹了很多這樣的故事。多少次看到、聽到大家庭分家產的紛紛擾擾，很清楚自私的運作狀況，分別心最容易被發現的行為就是自私。」

蔣顧世老師加入討論說：「分別心就是一切不如意、傷害的根源！請聽這個有關的故事。」：

韓信的故事

時空回到楚漢相爭，在楚漢還沒有分出勝負的時候。

在韓信攻佔了齊地之後，派人向漢王劉邦報告，來人進見漢王說：

「齊地的人，虛偽詭詐、反覆無常，所以請漢王先假裝封韓信為王，目的是用來鎮壓、治理齊地的人。」

當時劉邦，剛好被項羽圍困在河南的滎陽，聽到來人這樣的請求，馬上大為發火的說：

「這是怎麼一回事？自己主人被困在這裡，還不曉得派兵前來解圍，反而想在那邊受封為王！世間有這樣的道理嗎？」

在漢王左右的張良和陳平聽了，幾乎同時用腳暗中碰觸劉邦的腳，然後向漢王附耳說：

「咱們軍勢不利於前，所以，應該先準許請求，讓韓信守住齊地，不然的話，很容易節外生枝，發生變故。」

漢王還蠻識時勢，馬上就想通了，於是改變口氣說：

「大丈夫已經平定齊地，要封就應該封為真王，為什麼要假封呢？」於是立即派張良帶著齊王的印信，前去齊地立韓信為齊王。然後命令韓信帶兵前來滎陽，合力攻打項羽。

後來漢軍打敗項羽時，劉邦因為前面這一件事的原故，為了安全起見，親自換掉了韓信的齊王位子和軍權，並改立為楚王，把韓信的管轄地區，逐漸變小，後來又降楚王為淮陰侯。這是韓信讓劉邦覺得彼此不同心、不是同路人的下場。

韓信的個性，就是一直把自己分別在劉邦之外。最後才演變到未央宮長樂鐘室的殺身之禍。

蔣老師講完韓信，繼續說：「咱們再看劉邦身邊的另外一人蕭河，和韓信有什麼不同？」：

蕭河的故事

漢王劉邦靠蕭河、張良、韓信……等人的力量把漢朝建立起來，後來這些功臣，因為分別心的過分暴露，沒有善終，只有蕭河免除在外，這其中的原因，請看以下分解。

當漢王還在河南滎陽和楚霸王打仗的時候，蕭河並不在劉邦的身邊，而是奉命留守長安，很奇怪的是漢王卻一而再、再而三的派人回長安慰問蕭河，蕭河馬上警覺到漢王是在害怕、懷疑自己在長安會起分別心自立門戶。為了消除皇帝的疑慮，蕭河就從親戚、朋友裡面，選一些可以當兵的，派到前線來參加作戰，漢王因此非常高興，才不再起疑心。

後來陳豨造反的時候，漢王帶兵親征於邯鄲，仗還沒有打完，淮陰侯韓信就在在關中的地方暗地裡謀反，幸好呂后採用了蕭河的計策，把韓信殺掉了。漢王知道這件事以後，派人回長安，把蕭河升官為相國，不但加封食邑五千，又特派五百名衛兵來擔任相國府警衛。一時之間，同僚、親朋好友都前來向蕭河道賀。只有長安城東邊種瓜的瓜農甲某某，卻來向蕭河報憂說：

「大家都認為丞相升相國是可喜可賀的，甲某卻看到了危機的存在，想想看：皇帝在外地辛苦打仗，丞相在長安平平安安，卻能加官進祿，又派警衛。很明顯的，雖然已解決韓信造反的事，皇帝還是在擔心呀！派警衛不正是監視相國嗎？」

一語道破個中玄機，蕭河便辭掉食邑五千，相反的把相府大部分的財物捐出來，拿到前線支援作戰，漢王也因此放心多了。

九江王黥布叛變時，漢王又親自率軍征討。在這期間，漢王還是老樣子，頻頻派人回來打聽相國在做什麼？蕭河就跟上一次一樣，儘量撫慰百姓，捐出許多錢財，支援皇帝作戰。

一位相國好友不同意這種做法說：

「相國官居一人之下萬人之上，而且深受百姓的愛戴，這才是皇帝不放心的地方，如果還繼續捐錢援助戰事，反而會讓皇帝起疑心，不如假意買一些田地、故意向人賒欠，給自己製造一些小污點，讓皇帝看到相國做的只是一些芝麻小事，不必擔心。」蕭河當下認為好友的話對極了，就照著話去做，果然平安無事。

經過種種事件，蕭河終於看透了皇帝的心，唯有讓皇帝覺得蕭河和皇帝是站在同一邊，沒有異心，才是雙方都能安心的最佳途徑。

◆　◆　◆

蔣老師把故事講完，大家拍手感謝。

游芬蓓署長接著說：「蔣老師說的故事太貼切，太好了！劉邦的臣子，那麼多人死在分別心之下，就是後人最有用的警惕了。」

游發憲說：

「心的分別就是這樣，硬把人類分成自己、別人、彼、此團體、老、幼、階、級。」

鄭聰尹接著說：

「游同學說的人類分別，在過去的遷徙史中可以看到：中原人離開中原以後，相繼變成了日本人、韓國人、緬甸人、越南人。就是沒有人說自己是中原人，甚至還揮兵打中原人，造成殺害祖先的後代——自己的手足—的殘酷事實！」

賈聰明馬上接著說：

「經過同學們的闡述，個人也看到同樣尊崇上帝的人類，卻分天主教、基督教、伊斯蘭教。一旦彼、此利益不均，見解有異，爭執就產生了，衝突也爆發了。事實讓人不禁要問：『同樣是所謂的上帝子女，處在上帝的大愛裡面，為什麼還分彼此、互相殺害？』」

游發憲說：「都是心分別造成彼此敵對，造成社會干戈不斷、家庭不和、心靈不安。」

江小華同學介紹自己，然後說：「是啊！心分別造成彼此批判，有批判就不會止於語言對立，所以，肢體的暴力也就發生了。」

吳職卓同學說：「執著的心分別，造成了四分五裂的國家、黨派、團體、見解。這種情況，就是人類不幸的主要原因了！」

誰是罪魁禍首？

江小華接著說：

「是啊！這一位名叫分別的，有時候還認為自己很了不起，不去跟人家計較，有雅量寬恕別人呢！」

鄭聰尹加入討論說：

「大家看到的真正罪人，就是隨便定人家莫須有罪名的這一位分別不是嗎？分別還沒有看清楚實際情況之前，就去認定別人有罪，事後又說：

『沒有關係，原諒、不予計較了！』」

鄭同學繼續說：

「如果分別在認定人家有罪以前，能夠看清楚事實，也就不必在事後又說寬恕了。這件事讓人看到：

『分別心本身，才是真正的罪人，其它的都不是。』」

江小華接著說：

「分別心認為別人的言行，冒犯傷害到自己的見解和執著，就起了憤怒的情緒，為了保護自己的見解和執著，懲罰別人的犯行，很輕易的就與人發生衝突。在發生衝突之前，接受調解，就是前面說的『了不起的寬恕別人』了。」

師享部長也加入討論：

「這位名叫思想的，」部長停了一下子，帶笑解釋說：「這位思想不是本人，不要誤會。——把人類分別、比較，等到衝突發生了，鬧大了，才有減少衝突的原諒、寬恕的和解行為，這就是思想本身的矛盾：『引發戰爭是它，要和平的也是它』」

小記者接著說：「這就是思想的盲點了，請讓小記者用事實為大家證明」：

思想盲點

小記者說：「成語『他山之石』，現在的人解釋為：『人家說的話或做的事，可以用來糾正、減少自己的過失。』請聽小記者平日留下來的筆記」：

◆　◆　◆

一九九八年十一月下旬電視新聞報導：

有一位佛寺的住持，虐待住在寺中的女童致死。

在相同的時候，印度尼西亞也爆發了伊斯蘭教和基督教的嚴重衝突，燒掉了好幾座教堂，衝突中有很多人喪生。

一九九八年十二月中旬的電視新聞報導：

在韓國的某寺，因為爭奪住持之位和寺產，出家人分成兩派，彼此帶著信眾，在媒體上公開批判。

二〇〇二年三月二日電視新聞：

印度發生伊斯蘭教和印度教衝突，死傷非常多人。

小記者繼續說：「在這多起的不幸事件中，發現了「他山之石」並不能糾正、減少過失的真實。」

文倜多同學問：「個人還是沒有很懂小記者說的：『人家說的話或做的事』指的是什麼？」

小記者馬上回答說：「文同學，真對不起！個人說的不夠清楚。」接著就繼續解釋：

「例子裡面的都是宗教人，所謂說的話、做的事，當然就是這些宗教的教主，所說的話和所做的事了；包括宗教經典的內容和宗教歷代傳承者的言行等等都是。其實各宗教的經典內容裡面，有非常多說的話、做的事，文同學有興趣，可以去接近這些經典就會一清二楚。」

文偈多再問：「這其中原因究竟在那裡呢？」

小記者回答：「罪魁禍首都在心分別彼此。也就是師部長前面所說的：『思想的矛盾，引發戰爭的是它，要和平的也是它！』」

文偈多就說：「看到這樣的矛盾以後，個人不禁要認真的問這位思想：『閣下可不可能不再分別？真的不分別的話，人類還會有衝突和戰爭發生嗎？」

師享部長馬上回答：「問得漂亮！沒錯，人類要嚴厲問思想的，就是這一句話了！」

宇宙博士卻接著說：「但是，答案並不是思想先生來回答，而是人類自己回答！」

博士說完，大家熱烈拍手。是同意的掌聲吧？

下午的第一次休息鐘響了，師享部長就宣布大家休息。

休息之後，師部長請游芬蓓署長，轉換研討主題到分別的「屬於」。

游芬蓓署長不好意思的說：「個人不擅長講故事，所以煩請蔣顧世老師，為大家講有關的故事好嗎？」

對於美女的要請，蔣顧世老師笑著說：「沒問題啦！」

「屬於」就死於

伯夷與叔齊是殷朝時代孤竹君的第一、第三兒子，兩兄弟同時把王位讓給老二。讓出王位以後，兩個人都在外生活。後來，周武王打敗了殷朝紂王，改國號為周的時候，兩個人餓死在首陽山上。死因是認為身為殷朝的人，吃周朝的粟，是一件可恥的事。

蔣老師接著說：

「伯夷、叔齊兩個人，就是被自己的思想的『屬於』害死的。大家認為呢？」

文倜多提問：

「前面咱們才認真的問思想，現在又來了一個思想的『屬於』自己害自己，真是矛盾！矛盾呀！」

蔣老師回答：「是呀！伯夷、叔齊就是認為自己只屬於殷朝，不屬於周朝。」

曾淵旺同學為兩人抱屈說：

「大家會不會很奇怪，食物是食物，國家是國家，食物之與國家是風馬牛不相及的兩件事；而人也一樣，人是人，國是國，怎麼會換了一個人當皇帝，改了國家的稱號，人就不可以吃飯了呢？」

文倜多說：「是啊！食物也好，人也好，為什麼須要『屬於』？然後又為『屬於』而死？這種心的狀態，真令人費解呀！」

賈聰明說：「就是啊！什麼中國料理、日本料理、美國食品、法國餐，這些分類，根本就是思想的花招！」

曾淵旺嘆息的說：「牛因為屬於農人，就有被人穿鼻孔、拖犁、拉車的無奈！」

趙步平同學接著說：「《昔時賢文》說：『馬善被人騎，人善被人欺』其實馬不是善才被人騎，而是跟牛一樣，屬於人的關係，……」

賈聰明不等趙同學講完就插話說：「人也一樣，只要屬於權勢，馬上就受到無形的拘束和有形的暴力，所以，被人欺，也不完全因為善良啦！」

蔣老師笑著說：「的確如此！」說完拍手贊許發言的同學，大家也跟著熱烈鼓掌鼓勵。

這時文倜多提出問題：

「在之前的討論中，看到了『分別』破壞生活的和諧，『屬於』傷害自己的生命和自由，於是個人想問：『難道人類就這樣活下去，毫無其它選擇了嗎？』」

游芬蓓署長馬上回答說：

「文同學問得好，接下來咱們就來討論『選擇的智慧』吧！不過咱們請選擇局帥哥單宣澤局長給大家主持「選擇」的探索。」

帥哥局長單宣澤先生起立，向大家點頭揮手致意，大家的目光焦點就從美女轉換到帥哥的身上。接著聽到單宣澤局長笑著說：

「請鼓掌感謝咱們美女署長的上一段服務！」掌聲立刻熱烈響起！在掌聲歇時，單宣澤局長才說：「請各位先聽本人講一個有關選擇的故事。」：

認識選擇

朝四暮三

在宋朝的時候，有一個養狙（與猴子相類似的動物）的人，因為長期養狙，所以被大家尊稱為狙公。狙公因為長期和狙朝夕相處，對狙的一舉一動，脾氣表情都瞭如指掌，清清楚楚，到後來，竟然連狙都能聽懂狙公說的話。

這一年，氣候乾旱，糧食欠收，因此食物不夠，不得已必須縮減狙的粟飯。於是狙公就對狙說：

「從今天開始，早上粟飯給三升，晚上粟飯給四升好不好？」

狙聽了馬上就不高興，於是狙公就改換早上的數目說：

「那麼早上給四升，晚上給三升好了。」

狙覺得早上從三升變成了四升，認為數量增加了，也就高興了。

狙雖然能懂狙公的話，卻不知道朝三暮四和朝四暮三的事實、答案完全一樣，只瞭解眼前多一升，就認為是有利的。

◆ ◆ ◆

故事講完，單局長繼續說：

「朝三暮四變朝四暮三就是適當的選擇智慧。如果不用選擇，直接告訴狙說：『因為乾旱糧食不夠，每天給的八升粟飯，現在只能給七升了。』狙一定不能接受。在使用了選擇以後，很自然的就把干戈化為玉帛了。大家認為呢？」

師部長就說了：

「單局長說的沒錯，在實際的生活環境裡面，有一些事很難公平對待的時候，如果直接表明不能公平得到，必然受到不平之鳴。如果把事或物分成幾份，讓當事人自己去抽籤、選擇，就能很輕易的擺平爭議，化解分別心所產生的糾紛。」

游發憲很快的就有新發現說：

「現代的社會現象，電視新聞會看到以硬碰硬的方式，來抗拒生命折磨的人，不幸的，死了（感情受挫，就使用暴力傷害）。就是沒有學到選擇的智慧吧？」

賈聰明也馬上接著就說：

「個人也看到，以選擇離開的方式（感情無法挽回，就以離婚來作好聚好散）來對付生命折磨的人，還活著。」

鄭聰尹也加入說：

「有些人雖然還活著，卻只是肉體離開是非圈的暫時緩和而已，事實上，心中的痛苦，並未減輕。如果能夠把心靈也一起轉移到偏見的範圍外面，讓受傷的心靈充分休息的話，痛苦折磨的情況才是徹底得到解決。」

單局長說：「對，鄭同學講的真是智慧之言！」

◆　◆　◆

此時宇宙博士加入說：

「其實選擇也是分別的一種，不然為什麼選？但是，選擇的心，並不一定有害，就看所選擇的事物，會不會在彼此之間，造成傷害了？」博士繼續說：

「譬如挑選適合居住的房子、適合自己身材的衣服（衣服的布料、顏色、款式），挑選家具、家電品牌、汽車廠牌、職業、學校等等，都沒有涉及人與人彼此的和諧關係，自然可以毫無顧忌的選。」

單宣澤局長對於大家的討論，語帶笑意的說：「瞭解沒有傷害的選擇以後，大家就可以多用選擇，不用分別了。」大家聽了熱烈鼓掌，表示瞭解。

掌聲停了以後，蔣顧世老師接著就說：「師部長剛剛最後一句說到『不用分別』倒讓人想起《泰西五十軼事》有關『不用分別』內容的故事。」

不用分別

故事發生在古代的瑞典和丹麥戰爭。

這一場仗，瑞典人被打敗了，可以走路的人，全部都逃走了。所以，留在戰場上的人，只有死掉的和重傷的。

有一個傷勢比較輕的丹麥兵，勉強的坐了起來，覺得自己的傷，沒有想像的那麼嚴重，就往四周看了一回，在確定沒有危險之後，才伸手把隨身攜帶的水壺拿出來，想喝水解渴。

正在這個時候，忽然聽到有人要求給一點水喝。在聲音傳過來的地方，是一重傷躺在地上，臉朝過來的瑞典兵。

丹麥兵看到以後，趕緊忍著身上的傷痛慢慢走過去，跪在敵人的身邊，把水壺蓋打開，靠向瑞典兵嘴唇，然後溫和的說：

「喝吧，看起來閣下更需要水！」

話都還沒有說完，那個瑞典兵忽然撐坐起身體，然後快速的伸手掏槍，開槍射擊前面這位拿水幫助自己的人。

「啊！……」丹麥兵被嚇得大叫一聲，老天有眼！子彈穿過丹麥兵肩膀上的衣服，卻沒有真正傷害到身體。回神以後的丹麥兵，十分埋怨的說：

「真是好心遭雷劈！閣下怎麼可以對幫助自己的人開槍？現在，為了表達個人心裡的憤怒，只能把要全部給閣下喝的水，只給一半了。」於是把水壺的水喝掉一半，剩下的，才遞給瑞典兵。

這件事情，早已被旁邊受傷的士兵看得一清二楚，所以，過了沒多久，事情就傳到丹麥國王那裡，國王想瞭解事實真相，就派人把這個士兵找來。

當士兵來到國王前面，國王馬上就好奇的問：

「當瑞典兵開槍殺人以後，閣下為什麼還原諒對方？」

丹麥兵回答：

「國王陛下！因為小的，一向不會殺害一個身體受傷，不能反抗的人。」

國王聽了士兵的話，非常感動的說：

「真想不到，在丹麥的軍人裡面，有這麼高貴、仁慈的人！這樣的人是非常值得當好官的。」國王說著，當下便把這位士兵給封了官職。

◆ ◆ ◆

蔣老師故事說完，大家報以熱烈的掌聲。單宣澤局長接著說：

「這位丹麥士兵對敵人都沒有分別心，真的是心靈高尚又仁慈啊！當人心離開了分別以後，就接近自然，更接近真愛了！大家以為呢？」

大家熱烈鼓掌，表示贊同。

認識四種幻相

之後，師部長宣布議題轉換到「四種幻相」，請帥哥局長休息，於是大家鼓掌感謝選擇局長。游芬蓓署長就請署下四種幻相局局長釋鍾鐶香女士，為大家主持研討。

白髮老嫗釋鍾局長向大家行禮如儀之後，解釋四幻相：

「所謂四種幻相，就是我、你、他（包括在字後加們的多數）和階級，這些都已被人類習以為常，沒有經過智者提醒，一般人通常都不認識、不知道它們對人類有何不妥？」

釋鍾局長繼續說明：「但是，有智慧的人，在思想國裡面，卻認為它們是四種人類分別心加執著心所綜合而成的幻相。個人簡單說明如下：

『第一人稱：分別心幻想有一個主體我；多數就產生我們。

第二人稱：分別心幻想有主體我，對面的人就是客體你，多數就稱你們。

第三人稱：分別心幻想有我、有你，另外的人就是客體他，多數就稱他們。

第四人稱：分別心幻想有老、幼，貧、富，貴、賤等客體。』」（《昔時賢文》

裡有一句「人情似水分高下」——人情就是思想的分別心的幻想）

釋鍾局長再作舉例說明：

「分別心把人分成四大類，然後把各類固定，變成定論、幻相的現象，拿和身邊的人相處對待來說，每次見了面，總是用昨天、上個星期、去年、前幾年的印象、記憶，來看待這個人，做行為反應，這叫做使用印象來對待人。」局長說下去：

「印象待人，總認為對這個人了解很多，等到有一天，忽然爆發了很大的爭執，才恍然覺悟到，原來印象是假，陌生是真。這才發覺根本是在跟自己所製造出來的幻相相處，活在夢幻當中！不知道大家有沒有這種情況？」

同學們都彼此間對看了一會，然後回答：「有！」說完報以熱烈掌聲。

釋鍾局長又說：「智慧者認為人類最大的敵人，就是第一人稱。大家認為呢？請提出意見！」

活的是肉體還是心？

竇淮儀同學首先用充滿懷疑的語氣問：

「人，真正活著的，是肉體還是心呢？也就是說：人類肉體和第一人稱是真的嗎？」

游發憲同學有所發現的說：

「肉體如果是真的，咱們的親戚朋友剛死的時候，肉體還好好的，卻不能和旁邊的人講話了，這個事實已經有答案了不是嗎？」

趙珍湘同學介紹自己，然後用進一步求證的語氣說：

「閣下的意思是：人死了，肉體雖然還好好的，因為沒有心識，不能與人溝通的事實在告訴咱們：肉體和第一人稱是假的，平日看不見的心識才是真的？」

賈聰明同學聽後加入討論：

「換句話說：肉體有心識存在，彼此才能溝通，一旦心識離開了，不管對肉體說任何話，都是白費功夫嘍！」

趙珍湘回答說：「難道不是嗎？」

游發憲似有所悟的說：

「這樣看來，人的出生，是心識跑來藉著肉體變化而出生了？」

趙珍湘又說了：

「很可惜，心識有了肉體以後，又執著肉體和思想的第一人稱，忘記了真正的本來面目。」

游發憲又問了一句：

「這是不是因為思想的無限複雜變化，創造了目前的主人——第一人稱？」

賈聰明再加入說：

「就是說：人有了這個主人以後，為了保護這個主人，又產生了不可侵犯的第一人稱，所謂的自尊？」

游發憲說：「大家有沒有發現：這個不可侵犯的自尊，充滿著傲慢，看不見一點點的真愛？」

文倜多問：「這是怎麼說？」

游發憲說：「難道閣下沒有看到：人世間一切的衝突與糾紛的起點、苦惱的來源，都是從第一人稱衍生嗎？」

趙珍湘繼續說：

「咱們從人剛剛死找出第一人稱是假的，然後延伸知道第二人稱，乃至第三、第四人稱，都是假的！」

戴崇富同學加入討論說：

「被誣賴以假事實、假罪證為冤，趙同學說的也是冤了？難怪佛學裡面說：人的世界是假世界、冤世界，是幻相世界。」

游發憲又問：

「既然第一人稱和肉體是假的，那肉體所做的行為，是真，是假？」

賈聰明就說了：

「稱呼、肉體是假的、是幻相，行為當然也是幻相吧？換句話說：肉體是空的，業障應該也是空的吧？」

吳野同學不同意的說：「這怎麼可能？假如去偷去搶或殺了人，人家都看到的，怎麼說沒有做呢？」

釋鍾局長在這個時候就說了：

「這就是重點所在了，對肉體、稱呼而言是假的，因為它不是行為發動者，只是被操縱的傀儡、工具而已。」

吳野又問：「那麼，偷、搶、殺人的，是誰？」

釋鍾局長回答說：「就是造成四種幻相的思想分別心了！」

趙珍湘說：「咱們前面已經討論出：『心不再分別』的重點，應該可以延伸到：『心不再有四種幻相』，這樣的話，世界就有可能變成太平盛世了！」

賈聰明馬上接了一句：「閣下的意思是：心改變，世界也為之改變嗎？」

鄭聰尹說：「咱們有一點像在解釋佛經的『迷時師度，悟了自度』？」

宗教哲學教授余敦務先生忽然加入討論說：

「心有分別，就分成師父和徒弟；心沒有分別，師父和徒弟都在一個身體裡面，完全沒有對象；對象都沒有，要怎麼度？」

游發憲說：

「如此說來，『普度眾生』就是第一人稱說的、第一人稱做的嘍？」

余敦務教授反問說：「游同學認為還有其它人嗎？」

游發憲同學沒有回答，只點了點頭。

壓力的真相

對大家的討論，文倜多同學覺得自己並不十分瞭解，所以就問：

「對於剛剛討論的，個人還不是完全懂，有沒有另外的例子，可以說明更清楚呢？」

物理科學教授吳李蚵偕女士就說了：

「所謂的壓，當然是在下面的個子小，在上面的個子大，大個子壓下來，個子小的才會被壓到，這個大家都知道不是嗎？」吳李教授說下去：

「有第一人稱的我，在承受責任，有才產生壓力不是嗎？如果一個大石頭的下面沒有任何東西，難道會有人說：『看！好……大的大石頭，壓……著地』嗎？」

賈聰明馬上反應說：

「物體有大有小分別的時候，才有壓力的產生，同樣，不管石頭有多大或小，只要不放在一起，就不會有壓力的問題對不對？」

吳李教授回答說：「問題在：被壓的為什麼是人，不是地呢？也就是說：『人類，大家都說很聰明，應該有不被壓的選擇——選擇沒有第一人稱又如何呢？這些都是咱們前面討論出來的智慧不是嗎？』

文倜多終於心有所悟的說：「依教授的說明，可以說生活環境壓力的大小，就等於心中四種幻相的大小嘍！」

吳李教授說：「那是當然了！看來，文同學對幻相的存在，已有相當瞭解了！」

文倜多說：「謝謝教授！」

接著，師部長宣布下午第二次休息。

休息過後，師部長宣布進入新議題：「比較」。並請比較署周必嬌署長為大家主持研討。

大家目光的集中處，就是妖艷的比較署長，馬上就聽到周署長精神飽滿響亮的聲音說：「分別、比較，比較、分別，這兩個就好像孿生的一樣，對人類具有相同的破壞力。」

認識比較

周必嬌署長充滿力量的聲音繼續著：

「其實，分別心就是因為互相比較以後，產生優、劣，好、壞的不平等對待。心，是一種平等微妙的處理器，不接受不一樣、不平等的事實。——這種不接受，可以說就是人類的一種功課吧？功課中，看到執著的心一直去跟別人作比較，讓人不禁要問比較：『難道閣下不會累嗎？』」

文倜多問：「人類為什麼要事事無止境的比較呢？」

賈聰明又接著問：「難道是生活環境中，大家都在比較，所以就跟著比較嗎？」

游發憲也說：「是啊！家庭、學校、社會的教育，都充滿著比較。」

宇宙博士說：

「在給兩個小孩買衣服、玩具之後，就可以馬上看到小孩的比較：小明說小英的衣服比較漂亮，小英說小明的玩具比較好玩。」

蔣顧世老師說：

「在學校方面的例子也不少。以前的聯考就是現成的例子，在現今繼續教育改革之時，電視新聞仍然看到國中分班的實況。……」

社會心理學者李德清教授說：

「在社會上的例子更多，大到國與國、組織與組織（黨與黨、甲團體與乙團體、學校與學校）、產品與產品、物品與物品，小到家庭主婦之間的各種擁有等等等，比較的綿密度，令人感到不可思議！」

游發憲問：「比較算不算是人類思想當中的一種把戲呢？」

賈聰明又跟著問：「閣下的意思是說：『比較』類似變魔術，是一種幻覺？」

游發憲說：「難道閣下不覺得，前面大家所有敘述的『比較』，結果全部都是傷害、沒有意義的嗎？」

宇宙博士說：「游同學真不簡單，能看清虛假，發現真實。」

郝奇新問：「游同學發現的真實是什麼？」

鄭聰尹回答說：「就是所有的比較都是虛假沒有意義的思想。」

赦奇新又問：

「那咱們每天和身邊的人相處時，怎麼做才是不虛假而有意義呢？」

賈聰明回答說：「儘量不分別、不比較吧？」

竇淮儀不同意的說：

「賈同學，閣下是不是把這事當成喝粥啦！事實真的有這麼簡單嗎？」

賈聰明又說：「還有更適當的嗎？」

這時宇宙博士就說了：

「做到不分別、不比較之前，要先知道生活裡面的人、事、物各有其獨特性，一經分別、比較，就會在兩者之間造成傷害，人類的存在空間內，當然以彼此不生任何傷害，才是有智慧的行為嘍！」

竇淮儀還是說：「只要踏出門去接觸、面對人，馬上看到比較、分別，分別、比較，沒完沒了！」

趙珍湘同學說：「咱們在討論分別的時候，得到的重點就是『不用分別』，討論四種幻相時，得到重點就是『不用幻相』，所以，停止、不用比較，自然也是最自然的真實了，在真的去做的當下，還用擔心嗎？」

竇淮儀又接著說：

「看到有那麼多的人，因為比較而陷入自己所造成的痛苦深淵當中，不免要用大問號去質問：『比較在生活當中，真的是必要的嗎？』當然，一定有很多人想停止比較，卻仍然深陷其中，無法自拔。其主要原因，又是什麼呢？」

這時候，時間、過程署署長時簡幗娠女士站起來加入討論說：

「大家好！現在討論的『比較』雖然不是個人的專門，但是，竇淮儀同學的疑問，卻剛好是個人的專司，所以，利用這個機會，略作說明，以幫助大家瞭解，尚請多多指教！」聽到了親切的語氣之後，一時，大家的目光焦點又集中在成熟、穩重的時簡署長身上。

時簡署長接著說：「竇同學說：『知道應該停止比較，卻老是重蹈覆轍，原因在那裡？』真正的原因就在：『不認識時間、過程的底細。』」

竇淮儀馬上就問：「那，時間、過程的底細是什麼呢？它是怎樣困惑人的？」

時簡署長回答：

「思想的時間、過程永遠都說：『慢慢的改，總有一天，會完全改變的。』也就是一切的事，必須以時間去完成。事實上，可以用時間完成的是製造業、建築業、運輸業……，心靈的改變，如果期望用時間、過程來做到，是困難重重的。」

賈聽明馬上問：「為什麼？」

時簡署長回答：「因為時間、過程永遠有明天、有過程，心有明天、有過程作藉口，改變便遙遙無期！」

文倜多再問：「那該怎麼辦呢？」

時簡署長回答：「只有當下瞭解、當下立刻停止比較一途，已經在當下瞭解，不能當下停止比較的，就是仍然不瞭解事實真相，不瞭解事實真相，就不可奢談改變了！」

竇淮儀又問：「這是什麼原理？」

時簡署長再回答：「原理就在古人的頓悟。」

竇淮儀說：「原理沒錯，但是，究竟頓悟的人並不多！」

宗教教授余敦務接著說：「時簡署長說的對，不能改變就是沒有徹底瞭解事實真相，如果閣下能夠在當下徹底瞭解事實真相，自然願意馬上開始做到！這種做到，會像看到眼鏡蛇昂首作勢要咬人，馬上避開那麼迅速的就做到！」

物理科學吳李蚵偕教授也說了：

「大家雖然已經把重點都找出來了，個人覺得還有一項認識，也很重要。那就是人類的生活環境是金、木、水、火、土五種物質的無常組成，在這樣的無常空間裡面，大家是很難一樣的。而一切物體，很自然有大有小的配置著，又不論大小，自有它的生存空間，咱們貴為人類，如果還在大小、多少之間作比較或彼此產生羨慕，是不是首先要好好問問自己：『這樣有用嗎？實在嗎？』才對呢？」

大家聽了吳李教授的話，都熱烈鼓掌，同意教授論點。

理想的真相

游發憲又有發現，於是問：

「人類沒有比較以後，就不會發現什麼是更好的，沒有更好的，不就等於沒有理想了嗎？」

賈聰明加入說：「是啊！人沒有理想，不就平淡無奇，有如一潭枯水？」

鍾富和同學也附和說：

「思想比較心的作用，就是找出更好的叫做理想，然後朝著理想去做，沒有理想以後，大家該怎麼辦？」

人類行為學者辛冠茶教授說：

「鍾同學講的好像很有道理，事實上，心裡雖然沒有出現理想，但，並不意味當事人諸事停擺，什麼事都沒做，而是生活運轉照常，與有理想的人一模一樣；換而言之，並不會把彩色照片沖成黑白的。但是，心裡有理想的人，為了實行理想，充滿野心的話，許多的悲哀和破壞，反而會免不了！」

這時，時簡署長又加入討論：

「其實理想是建立在思想的時間、過程裡面的，先是有如此這般的理想，之後實行有一定的時間、過程。時間、過程造成壓力、痛苦，理想成功的話，代價高昂，理想失敗的話，所受到的傷害，更是無從估計。」

文倜多同學問：

「時簡署長的意思是說：『更好的、理想』只是思想的詭計，事實上沒有。『更好的、理想』只是思想虛妄的定論而已。是這樣嗎？」

時簡署長回答：「個人認為沒錯！」

文倜多再問：

「當咱們看清這樣的事實以後，該怎麼做？馬上放下理想的虛假，活在當下的真實當中嗎？」

時簡署長再答：

「假如心裡沒有什麼理想，只隨著生活環境的趨勢，有秩序的去完成大家最需要的事，是不是可以沒有半點壓力和痛苦呢？」

辛冠茶教授接著說：

「那是當然！人如果活在當下，只隨緣的去做事，做的雖然不是什麼理想、大事，卻一樣可以完成許許多多的事。」

這時候，吳李蚵偕教授加入討論說：

「其實咱們可以不必去管理想的真或假，只確定自己做出來的事，一點點都沒有傷害到自己和任何人，不是既自然又心安理得嗎？」

周必嬌署長一面拍著手一面說：「好極了！說得好極了！」大家也跟著熱烈拍手。

認識羡慕、模仿

之後，師享部長建議轉入「羡慕、模仿」討論，周必嬌署長就請羡慕、模仿局端木磨坊局長為大家主持「羡慕、模仿」。

人高馬大的巨人端木局長向眾人行禮問候，高分貝的說：

「對不起，咱們剛剛才理出：『停止比較』，這裡，還是從人心的比較開始。在比較當中，看到了自己做不到、做不來的，人家卻做到不可思議的程度，當然就羡慕嘍，之後的情況，有可能會進行模仿和複製。」

賈聰明一向反應最快，馬上就接著問：

「端木局長的意思是現在的社會，模仿和複製情況既多又快，就是羨慕的結果嘍？」

端木局長反問：「賈同學認為呢？」又接著說：

「思想看到善行，也會產生羨慕，然後加以讚歎，希望自己也這樣做，進一步去向大善人學習，這就是模仿和複製了。」

文倜多問：「這麼說來，羨慕顯然是一種病態嘍？」

賈聰明又馬上加問一句：

「模仿和複製的人，應該是缺乏創造和發明的能力吧？」

鄭聰尹說：「也是為了自己旺盛的慾望，不惜觸法的侵犯行為。」

鍾富和接著說：「應該是思想的投機取巧和懶惰吧？」

賈聰明又說：「可是，模仿、複製的慾望進行，可不懶惰呢！」

郝奇新就說了：「人，真是一種奇怪的動物，這麼奇特的現象，到底從那裡遺傳來的呢？」

遺傳基因學者余姬英教授說：「或許是從猴子身上遺傳的吧！」

賈聰明的興趣來了，馬上大聲的問：「人，真的是猴子的後代？」

竇淮儀也問：「是北京人的遺傳？」

余姬英教授笑著回答：

「俺可沒有這樣說。不過，倒可以為人家講一個利用模仿的故事。」

利用模仿拿回帽子

有一個人，挑了一擔的草帽出去賣。

因為天氣很熱，所以就在馬路旁高大的樹下，放下擔子，坐在擔子旁邊的大石頭上休息。可能是天氣熱又挑著擔子走遠路，因而感到有一點累，就躺了下來，想不到卻一下子睡著了。

當一覺醒來，卻發現擔子裡的草帽全都不見了，當下就好著急，趕緊把放在身旁，剩下的一頂草帽拿起來，戴著去找其它的。就在這個時候，卻發現樹上有一大群猴子，每一隻猴子的手上，都拿著一頂擔子裡的草帽，而且正在模仿著把草帽戴在頭上。

賣草帽的人發現這種情形後，急得滿頭大汗，就把草帽拿下來當扇子扇涼，想不到這些猴子，也學著拿下草帽扇涼。這時候，賣草帽的人忽然腦筋急轉彎，馬上有了拿回所有草帽的辦法。既然猴子正在模仿人的動作，就是最好的時機了，於是將手上的草帽，用力的往前面地上扔出去，全部的猴子也有樣學樣的，把草帽往地上扔。

就這樣，賣草帽的人迅速的把滿地的草帽收起來，挑起擔子繼續趕路。

余姬英教授說完故事，接著說：

「猴子是很會模仿的動物，卻因為模仿，草帽被收回了。至於人類的祖先是猿猴嗎？應該去問考古科學家，去找有關的研究報告。俺不想脫離咱們討論主題。」

端木局長就說了：

「經過大家討論，本人整理了一下『羨慕』的前因後果：人從分別心，產生了彼、此，再從互相比較，產生了羨慕，羨慕才華，跟著就追求才華，羨慕財富，跟著追求財富，萬一才華、財富追求不著，難免產生嫉妒，妒火一旦燃燒，如果沒有做適當處理，很容易就發生暴力衝突，甚至引起集體的仇恨，造成互相殘殺。所以，羨慕雖然在表面上看起來沒有什麼，卻可能帶來可怕的演變，如果閣下是當事人，能不謹慎嗎？」

大家以熱烈掌聲，感謝端木局長的詳盡剖析。

之後，師享部長請周必嬌署長轉入「佩服模範、崇拜偶像、權勢」討論。

周必嬌署長就請佩服模範、崇拜偶像、權勢局費福局長，為大家主持「佩服模範、崇拜偶像、權勢」的探討。

認識佩服模範、崇拜偶像、權勢過乾癮

小個子費福局長行禮，聲帶微細的問候大家，然後說：

「先前討論『比較』的時候，宇宙博士說過：『一切的人、事、物，都各有其獨特性』。就是任何的人、事、物的出現、成就，都無法相同，所以才會產生模範、偶像、權勢，形成成不了模範、偶像的人，得不到權勢的弱勢人，去佩服、崇拜的行為；可以說是另類的羨慕吧？個人覺得，佩服、崇拜行為，過過乾癮可以，……」

賈聰明同學不等費局長把話講完，就急著插話說：

「對呀！在現實沒有辦法達到夢想以前，佩服、崇拜一下偶像又何妨？」

費福局長微細的聲音接著說：

「那是當然，但是，在佩服、崇拜和模範、偶像、權勢的雙方，不造成傷害，又互蒙其利，才是社會之福不是嗎？」

游發憲同學有所發現的說：

「對，對強勢者產生的佩服、崇拜、服從行為，會更助長強勢，造成不平衡、不平

等，在歷史軌跡上，不難看到強勢毀掉別人自由，毀掉人類愛的故事！」

趙步平同學加入說：「是呀！秦始皇就是最明顯的例子。」

戴崇富同學附和說：「秦始皇滅六國的強勢，還真令人佩服呢！」

游發憲不以為然的說：「不必佩服，沒有什麼啦！」

賈聰明問：「怎麼說呢？」

游發憲不慌不忙的回答：

「電視上看，萬里長城今天是還在，但是，當年的秦始皇在那裡呢？在歷史故事書裡面，也沒有看到過稱讚、佩服的內容，個人卻曾經在家父的舊歷史課本上，看到一句：『焚書坑儒的暴君秦始皇』呢！」

蔣顧世老師接著說：「這是真的，個人以前唸的歷史課本，完全相同。」

費福局長又用微細的聲音說：

「佩服、崇拜這種心理，也是比較的產品。比較之後，發現別人的優異突出、功成名就，令人不得不佩服、崇拜。自己想要一樣的話，就必須非常努力去實行，是故，追求者很難沒有壓力，有壓力也就難免內心不斷爭扎…再三折磨的痛苦，這些都是可能產生的後果不是嗎？」

人類行為學者辛冠茶教授說：

「局長說的雖然沒錯，但，一般人通常沒有這麼強的毅力，多數是模仿、模仿偶像，過過癮而已。」

游發憲又有發現說：

「個人發現人類的偶像有兩類，一是已經過世的古人，今人利用歷史留下來的想像，把人雕塑、燒鑄出來，放置在寺廟或眾人聚集的廣場，供人禮拜的偶像；二是當今世界、社會上大紅、大紫的明星和政治人物偶像。」

辛冠茶教授說：

「游同學的觀察相當深入，從古人偶像的崇拜，可以看到人類的依賴心；從活人偶像崇拜，用作激勵自己，是不錯的選擇，但，難免落於過過癮的窘境！」

宗教哲學余敦務教授接著說：

「辛教授的一句『是不錯的選擇』，倒令人聯想到宗教的修心問題。——請聽一段修心者的對話」：

◆　◆　◆

修心甲對乙說：「修心個人選擇『一』裡修，閣下呢？」

修心乙問：「選擇『一』裡修是什麼意思？」

甲回答：「就是心直接進入『一』裡面，裡面只有『一』沒有其它。」

乙又問：「聽閣下的意思，好像還有『二』裡修乃至更多修法？」

甲回答：

「是啊！所謂的『二』裡修心，就是站在『一』的外面，看到『一』覺得很好，也想一樣，就在外面模仿，既有一個可供學習的偶像『一』，又有一個向『一』學習的第二者『二』。」

乙覺得不十分懂，就再問：「閣下能不能說簡單一點？」

甲回答：「當閣下禮拜偶像的時候，很明顯的有一個偶像，又有一個禮拜的人，偶像加上禮拜的人，不就是『二』嗎？」

乙還是問：「瞭解了，但是，這『二』與『一』的不同又在那裡？」

甲不厭其煩的回答：「當然不同。『一』沒有分別，『二』卻是分別，心一分別，真正的人類真愛就不見了。去讀歷史，就可以很清楚。」

◆　◆　◆

余敦務教授繼續說：

「聽了修心者的對話，是不是同樣瞭解『一』是不錯的修心選擇？」大家聽了，又是一陣熱烈感謝的掌聲！

下午第三次休息鐘聲響了，師享部長宣布結束研討，請大家休息，晚餐。

◆ ◆ ◆

參加「心」國心靈研討會的第三天。

◆ ◆ ◆

第三天的上午，大家互道早安，用完早餐，陸續的進入研討會場，八點整，師享部長說今天從「嫉妒」開始。周必嬌署長就請嫉妒局局長常基度先生，主持「嫉妒」主題的研討。

認識嫉妒

不搭調常基度局長行禮如儀之後，以天生娘娘腔問候大家，然後說：

「嫉妒還是從比較產生的。與人相比，彼強己弱，嫉妒莫名其妙的冒出來。」

游發憲同學有發現的說：「發現不平等之後，不甘心油然而生的情形……」

常基度局長娘娘腔接著說：

「對！人類的毀謗行為，就是比較產生嫉妒之時，當事人感覺到自己受到不平的對待，所發出一種很難遏止的情緒衝動和反擊行為。這種行為，好像光速一樣，快得讓人尚未認清：『毀謗的後面會爆發多大的傷害？』事實就已經形成，所以，毀謗通常都是兩敗俱傷的慘痛結局！」

人類行為學者辛教授說：「可以說：『嫉妒是人類的一種無名之毒吧？』」

竇淮儀同學懷疑的說：「嫉妒又不是實有其物，怎麼稱之為毒呢？」

游發憲馬上搶先的回答說：

「嫉妒雖然不是毒藥的毒，卻是分別、比較所引起的毒！」

竇淮儀就問了：「這樣的說法，不是含糊籠統嗎？」

游發憲很有自信的回答說：

「怎麼會呢？在許許多多的電視劇和電影劇情裡面，甚至電視新聞報導的正在發生的人禍事故裡，有那麼多的人，被嫉妒的毒毒死了，閣下不都是親眼目睹嗎？」

竇淮儀有如大夢初醒，恍然大悟的說：

「啊！清楚了！明白了！閣下這一棒，打得好！打得好！」

游發憲又繼續說：

「那些被害死的，並不一定是有嫉妒心的人，沒有半點嫉妒心的人，冤枉被害死，才真正令人難過……。」

故事老師蔣顧世說：「是的，有一個歷史故事，可以說明嫉妒的嚴重傷害，請聽故事。」

嫉妒的禍害

時間回到戰國時代。

在一次楚王宴請天下諸侯的時候，鄰國都獻出國內最好的酒來共襄盛舉。

楚國管酒的酒吏試喝了各國的酒以後，覺得魯國的酒淡薄不好喝，趙國的酒就不一樣了，又香又醇，令人喝了愛不釋手。因此，楚國的酒吏起了私心，便向趙國的酒吏要求，贈送幾罈給自己私人享用，卻被拒絕了。

楚國的酒吏得不到趙國的美酒，嫉妒轉懷恨，就把魯國和趙國獻來的酒互相調換，以這樣的手段來陷害趙國的酒吏。

楚王在大宴中喝了趙國的劣酒之後，認為趙王沒有誠意，看不起楚國，就生氣的出兵攻打趙國的都城邯鄲。

故事說完，大家拍手感謝，蔣老師繼續陳述嫉妒的害人事實：

「故事讓人看到的幕後大殺手就是嫉妒。想不到的是：趙國的酒吏，竟然沒有被害死，被害死的反而是楚國和趙國成千上萬沒有嫉妒心的軍人！」

物理科學吳李蚵偕教授說：

「在人類這麼進步，科學這麼昌明的二十一世紀，人心卻仍然充滿著嫉妒的傷害，真是令人感慨萬千！」

宗教哲學余敦務教授說：

「東方人的道德觀，深受道教和佛教的影響，佛道教義中的三毒之一的痴毒，就是嫉妒。令人驚訝的是，千年的佛、道教化，竟然還是影響有限！」

辛冠茶教授提醒說：

「嫉妒是思想的扭曲現象，一旦發現，必須馬上加以處理，否則後果是不堪設想的，千萬不要等閒視之。」

竇淮儀馬上用懷疑的語氣說：「剛剛常局長不是說，嫉妒行為有如光速嗎？這麼快的速度，人類有可能作處理嗎？」

余敦務教授說：

「一經發現嫉妒，即刻要做的就是懸崖勒馬，知道嫉妒有如斷崖，不容任何拖延，否則就有墜崖危險！」余教授說下去：

「接著是瞭解嫉妒的情緒癥結：就在固執自己熾烈的慾望，沒有被適當轉化，非常固執的慾望情緒，是殺、害的引爆點，所以，能夠在心眼當下看到自己慾望的來去路向，作事先預防，才是制敵機先！」

聽了余教授的話，大家熱烈拍手！是話的共鳴吧！

辛冠茶教授再提醒說：「大家不要忘記余教授的那一句：千年的佛、道教化，還是影響有限！所以，重點在做，不在說！」

鼓勵和感謝的掌聲熱烈響起，久久才歇。

掌聲過後，師享部長建議結束「嫉妒」討論，請執著署署長曾之卓先生，進行「執著」主題的研討。

認識執著

執著署俊男署長淡然一笑說：

「要個人形容執著，就是抓住第一人稱不放的僵住，或者閣下可以說它是『超難洗的沾鍋』，不知道諸位對它的瞭解，又是什麼？」

賈聰明同學馬上說：

「執著去實現慾望的時候，總是爭奪不休！」

游發憲同學接著說：

「每到一處新環境，讓人感觸深深的，就是看到了每一個人對每一件事的黏著行為！」

吳職卓同學也說：「執著總是遠慮重疊近憂，近憂重疊遠慮，永不休止！」

宗教哲學余敦務教授接著說：

「執著是人類的濃霧，世界各地的大大小小修心經典，都沒有把它完全吹走的大濃霧！」

趙珍湘同學也加入說：

「兩方都堅持己見，誰也不退讓的僵著，有如一池又渾又臭的死水！」

蔣顧世老師用故事內容說：

「執著就是兩隻狗過獨木橋的故事，互不相讓的結果是掉到橋下水中去的兩敗俱傷！」

執著慾望的後果

蔣顧世老師接著講成語故事「螳臂擋車」。講完之後，問：

「爆發情緒的螳螂，怒掄雙臂，來阻擋車子過去，就是執著迷失自己的事實吧？」同學們幾乎同時回答：「是……！」

小記者加入討論說：「個人倒看到一則電視新聞，內容與『螳臂擋車』相當類似。請諸位聽聽看。」以下就是小記者的電視新聞記錄：

◆　◆　◆

耶誕兩千零四年七月三十一日的電視報導，有一個兒子向母親要錢買香菸，母親沒有給，引起兒子情緒失控，竟然失手打死了母親。這麼單純的一件小事，竟然變成了殺母的天倫大悲劇，為什麼？

是不是事故的母子雙方的執著太僵了？兒子因為思想的執著慾望，一時之間不能達成，就爆發情緒失控；而母親也一樣執著，所以，雙方才只為了一點點香菸錢，演出了真實的家庭悲劇，讓人感到不勝噓唏！

小記者接著又說：「這樣活生生的家庭悲劇，是不是訴說著：人心，如果只有執著的慾望，沒有真愛的話，是多麼可怕的情況啊！」

蔣顧世老師馬上接著說：「是啊！在中國的歷史上，擁有國土面積最大、國力最強的元朝皇帝成吉思汗，也有相同的情緒失控呢？請大家聽這個故事吧！」

成吉思汗情緒失控

一個旱季，成吉思汗帶著部下去打獵。

忙到接近黃昏，仍然沒有收穫。成吉思汗先讓部下回去。自己想再試試運氣，希望奇蹟出現。一個人騎著馬，帶著狩獵鷹，走向一處山坳。

忽然感到口渴，水又喝完了，於是想找水喝。

成吉思汗記得不遠的岩石下面有泉水，就驅馬過去，狩獵鷹也在此時飛向空中。到了地點，下了馬，果然有水的滴答聲，因為乾旱，泉水很慢的滴著。

成吉思汗取出小杯子，來接水滴，好一會兒，終於有水可喝了。正要喝水時，一隻老鷹撲過來，把水打翻了。原來是狩獵鷹，牠飛過去停在滴水的岩石上面。

成吉思汗不以為意，繼續接水，但是滿杯要喝時，狩獵鷹又飛過來把水打翻。

這一次，成吉思汗有一點發火，但是還是去接水，可是仍然在沒有喝到水之前，又給狩獵鷹撲個正著。

經過三次被打翻杯子，成吉思汗非常生氣，大聲罵狩獵鷹：

「好大的膽子，難道是平時把閣下寵壞了嗎？」

但是口渴沒有解決，就又去接水，並且一面接水，一面把佩劍抽出來，預防狩獵鷹再來襲擊。當杯水接滿要喝時，成吉思汗先警告狩獵鷹說：

「老鷹先生，這一次不許再惹火，否則不原諒了！」

很奇怪，狩獵鷹卻一反常態，只見牠視死如歸，箭也似的撲去了主人手上的水，成吉思汗頓時勃然大怒，一劍砍中了狩獵鷹，當場死在地上。成吉思汗還多罵了一句：「這是閣下自己找的，怪不得人！」

當成吉思汗找杯子，想重新接水的時候，才發現杯子已掉在一條深溝對面的石縫中間，必須繞行到滴水岩石上面，再小心往下爬到石縫，才可以拿到杯子。

為了要拿到杯子喝到水，成吉思汗開始繞道爬上岩頂，到了上面，發現了一口小水潭，同時傳來陣陣的惡臭，仔細一看，馬上嚇了一大跳，是一條當地最毒的大蟒蛇就死在水潭裡面。

這種情況讓成吉思汗當下跌坐在地，想到了心愛的狩獵鷹，也才知道牠為什麼三次、四次的阻止主人喝水？

哎呀！原來牠的攻擊是為了救主人！此時，成吉思汗心如刀割，狂喊著責備自己：「濫主人！膚淺而無知的濫主人！竟然殺了自己最好的朋友！真是濫主人！」

接著，成吉思汗起身，以最快的速度，來到狩獵鷹旁邊，用最溫柔的態度把牠捧了起來，輕輕放入獵袋，上馬回去了。

事件後，成吉思汗寫了一則教訓，貼在顯眼又天天看得到的地方，上面寫著：「在情緒爆發時，絕對要冷靜，絕對不可輕舉妄動！」

◆　◆　◆

故事說完，掌聲熱烈響起！曾之卓署長說：「這正是執著慾望而爆發情緒失控的可怕故事！」

悲傷和自憐

之後，俊男署長又繼續說：

「在瞭解執著慾望有情緒失控的危機以後，請繼續發言，看看執著還可能產生什麼？」

游發憲又有新發現說：

「悲傷、失望的源頭，也是因為執著的目標求之不得—願望不能達成不是嗎？」

趙麗尤同學介紹自己，然後接著說：

「求之不得是因為慾望太多吧？宇宙博士在討論「比較」時說過：『人類是活在無常空間裡面』，無常空間是不是在警告人：慾望不能太多呢？」

宇宙博士說：

「沒錯！就是慾望無常，多數不能達成。不明此理，就悲傷、失望。」

趙珍湘同學說：「會不會是執著可憐自己，覺得自己已經受到傷害呢？」

游發憲說：

「執著產生慾望，感發自憐。說自己沒有執著，那正在悲傷、自憐的是誰？」

賈聰明就說了：

「那麼擔心掛念的產生也是執著嘍？一旦執著，就怕這個、怕那個，怕不安全、怕不可靠，怕得沒完沒了的。」

宗教哲學余敦務教授接著說：

「個人在沒有深入探索之前，不懂經典裡面一再強調沒有第一人稱的原因？經過探索之後，才知道沒有第一人稱，就等於沒有任何的執著，如此一來，所有的痛苦和罣礙，就很自然的一掃而空！」

人類行為學者辛冠茶教授說：

「很多人發誓，為了得到認同，如果深入探索：認同什麼？很可惜！認同的，只是第一人稱的執著而已。」

文倜多說：

「人，如果不發誓，不求別人認同，不想得到什麼特別的東西，生活不是平淡而無味嗎？」

余敦務教授說：「真能這樣，反而是自然的自由自在、了無罣礙呢！」

賈聰明很驚訝的說：「那不是太無聊了嗎？」

余敦務教授說：「這要看閣下是想自得，還是想無所得了？」

余教授繼續說：「自得是執著很多物質的自鳴得意。無所得是找不到第一人稱的存在和痕跡，當然，也不可能得到一丁點兒的東西了！」

接著，曾之卓署長說：「咱們把研討轉到『執著的權勢』，請踴躍發言！」

執著權勢

游發憲第一個發言說：「執著就是權勢的根源。大家有沒有覺得執著的人，對權位特別有興趣？」

賈聰明馬上答：

「對！歷史上的英雄豪傑，都執著在武力方面，而且，樂此不疲。」

鍾富和附和說：

「是呀！有一些稍具名聲和地位歷史人物，一旦權勢在握以後，迷失在裡面，變了一副嘴臉，帶給很多人無形的壓力和有形的剝削，這些暴力的事實，全部記錄在歷史軌跡裡面。」

趙麗尤接著說：「沒錯！一些自認負有某某大使命，滿口造福人群的豪傑人士，事實上都是造成時代不安的禍源！」

游發憲又說了：

「所以，個人說權勢豪傑，就是執著第一人稱、執著慾望所形成的。」

戴崇富說：

「很明顯：豪傑的作風，是個性使然，而個性也就是執著的親生。」

竇淮儀以懷疑的語氣說：

「古人的《三字經》有：『揚名聲，顯父母』，就是第一人稱的執著，不然的話，那要名、要利、要地位的是誰？」

文倜多接著就問了：

「耀武揚威也是執著有加了？歷史上揚名與揚威的事跡，只講功不言過是不是執著的另一面？」

趙珍湘回答說：「大家都處在執著的這一面，自然看不見另一面！」

人類行為學者辛冠茶教授說：

「對！趙珍湘同學觀察的真徹底！聲望、權勢就好像酒一樣，容易令人陶醉，而且，是既醉難醒的！」

社會心理學者李德清教授接著說：

「權勢的形成，還是很多人前來依賴的關係，所以，是依賴拱起來的氣燄。這種火燄會燒別人，也會燒到自己。」

辛冠茶教授又說：

「附庸也是依賴，自己不瞭解自己的能力，害怕未知，先依賴再說，去依賴看到夠力量的主人，歸人管轄。然後又感到了被不平對待、被剝削的無奈！只有早日看清楚這樣的事實和自己的能力，才可能擺脫權勢的壓搾吧？」

蔣顧世老師一面拍手一面說：

「兩位教授觀察執著產生的權勢，觀察得太徹底了！」大家也跟著鼓掌！掌聲之後，蔣老師正要講一個有關的故事，結果休息鐘聲響了，師部長就請大家休息。

上午第一次休息完畢，蔣老師說明故事是自己唸小學時記得的，內容與「執著權勢」相關，聽故事可以瞭解「執著權勢」的可怕：

◆　◆　◆

古代，瑞士有一位執著權勢的國王，對待人民很殘暴，老百姓在暗地裡都稱國王是暴君。

有一天，暴君為了表現權勢和威風，就在京城最熱鬧的廣場上，豎立了一根高高的竹竿，叫人把自己的皇冠放在竿頂，然後下令每一個進城的百姓，必須面對皇冠行禮致敬。

一個名叫威廉泰爾的鄉下人，覺得這種做法太無禮，所以不願意照樣做。

暴君知道了以後非常生氣，深怕大家跟著不鞠躬，引起更大的反抗，所以決定要懲罰威廉泰爾。

暴君打聽到威廉泰爾是獵人，打獵維生，箭射得很準，親戚朋友都稱威廉神射手。暴君知道這些以後，想看看傳言的神射手是真是假？就出點子用箭術來為難。先叫威廉泰爾的兒子，站在廣場背牆的地方，頭上放一個蘋果，然後命令威廉泰爾去射蘋果。

威廉泰爾心裡很難過，當場向國王請求，不要用這種方式來測試射箭技術，萬一箭做的不夠好，或者小孩害怕身體移動，馬上會造成父親殺兒子的慘劇。

暴君卻大聲斥責說：

「不用多說，一箭射中蘋果，就可以無罪，如果失敗，自己負責！」

威廉泰爾無可奈何，只好搭箭描準，然後穩穩的把箭射出去。大家看到威廉泰爾的兒子，安穩不動，滿面笑容，因為對爸爸箭術非常有信心。

「咻……」的箭聲過後，正中蘋果；一時之間，圍觀看熱鬧的大眾，從捏一把冷汗，到齊聲為這一對父子歡呼！

暴君看了也感到非常佩服，就下令赦免了威廉泰爾的罪。

◆　◆　◆

故事說完，大家熱烈鼓掌感謝蔣老師，果然是一個執著權勢昏了頭的暴君！

之後，曾之卓署長請大家繼續發言。

執著的逃避

游發憲同學總是有新發現，所以，聽到曾署長的話後，馬上就說：

「不敢面對害怕的趕快逃跑，就是執著的第一人稱，為了保護、防衛自己的動作，也是思想追求安全的奇異行動！」

賈聰明同學馬上問：「游同學說的奇異，就是類似鴕鳥的行動嗎？」

游發憲回應說：

「鴕鳥不敢眼對，卻以身對的行動的確奇異，但是，人也好不到那裡去，因為人用的擋箭盾牌也蠻大的不是嗎？」

竇淮儀同學抱持懷疑的態度說：

「仔細一想，這種逃避只是思想以「概念」避開害怕，幻想已經平安而已，事實上害怕仍然在心裡，並不是做了這些動作以後，就真的得到平安了！」

鄭聰尹同學也有發現說：「人類的奇異行為，有時候是因為有地方可以躲起來，就躲習慣了，害怕也習慣了，遇事不問青紅皂白，先躲再說！」

賈聰明又問了：「鄭同學的意思，好像是說烏龜被驚嚇的縮頭縮腳？」

鄭聰尹回應說：「咱們是可以從烏龜身上找到啟示：烏龜被碰撞、驚嚇後，就養成了縮頭縮腳的保護行為。古人的《昔時賢文》不是說：『近來學得烏龜法，得縮頭時且縮頭』嗎？」

曾之卓署長說：「的確是這麼一回事。」

賈聰明再問：「為什麼不敢面對呢？」

余維士同學介紹自己之後，也問：「應該是已往生活中，從來沒有過勇敢面對的原故吧？」

賈聰明繼續問：「如果有一天沒地方躲怎麼辦？」

趙珍湘接著說：「看起來只好厚著臉皮、硬著頭皮不得不面對嘍？」

游發憲又有發現的說：

「很多人為了擺脫害怕、不安，追求安全，躲在信仰裡面，拜拜、禱告乃至誦經超渡、作法除魔。」

趙麗尤接著說：「這根本是依賴心，依靠鬼神的力量，來平息心裡的不安。」

趙珍湘也說：「這樣做的結果是深陷在權勢、剝削之中。本來，心裡只有害怕、不安，現在卻多了不平衡和不自由。真是麻煩自己找！」

文倜多問：「到底害怕什麼來著？」

游發憲說：

「會不會是接受權勢以後，擔心權勢的壓迫？會不會是害怕失去依賴？」

趙珍湘又接著說：

「依賴心重的人會不會在擔心害怕當中，發現自己的依賴事實呢？」

曾淵旺同學說：

「思想的執著，想盡辦法保護自己，追求安全。現在被兩位同學發現自己在依賴權勢的情況下，仍然傷痕歷歷、於事無補，……」

趙麗尤打斷曾同學的話說：

「這就是思想的執著本身看不到、不認識自己，不知道弊病就是自己？」

趙達安同學介紹自己，然後問：「思想的執著本身看得破自己嗎？」

余維士同學接著說：

「思想的執著看破，可以看到的有：以死亡看破、以酒麻醉看破、以出家或離家看破，但事實上，死、麻醉、出家、離家，都只是不敢面對的逃避而已！」

文倜多再問：「到底該怎麼做？」

社會心理學者李德清教授回答：

「用心眼徹底看清實況，勇敢面對實況，以一體、平等的真愛來解決問題和行動！不用擋箭牌，接受寒冷的冬天，知道春天接著來到！」

宗教哲學學者余敦務教授接著說：

「個人建議：如實面對著害怕，看看害怕到底能夠怎麼樣？當如實面對害怕沒有逃避的當下，思想不動，情況就是如如不動，自然就能平平安安！」

曾之卓署長一面鼓掌，一面說：「感謝教授們的寶貴建議！」大家也跟著熱烈鼓掌！曾之卓署長又請大家繼續。

執著的求心安

游發憲同學說：「中正路尾的一條長巷，最近才全巷換了新路燈。這就是人類執著的求心安吧？」

趙達安同學問：「為了安全，花錢裝路燈，有什麼不對？」

趙珍湘同學反問：

「同學的答案為什麼不是：『自己小心開車！』或者：『不要深夜外出』，而是依賴路燈呢？」

趙達安回答說：

「看到路上有很多鐵釘和玻璃碎片，當然要馬上改道嘍！」

趙珍湘又問：「那麼，不小心聽到了人家的秘密，又該怎麼辦？」

趙達安回答說：「當然是把所有秘密歸零最安全！」

游發憲說：「兩位同學的對話，讓個人發現古代的秦始皇，不見得聰明？」

賈聰明問：「何以見得？」

游發憲答：「秦始皇花了千千萬萬的人力、物力建築萬里長城，目的只在保護、鞏固秦朝的疆土，結果秦朝還是不能長治久安、還是滅亡了不是嗎？」

鄭聰尹同學說：「游同學真是觀察入微，一語道破了萬里長城的千年大夢！」

賈聰明接著大聲說：「萬里長城今猶在，不見當年秦始皇！」。

游發憲接著說：

「秦始皇的執著求心安夢，不止一樁。還有害怕死亡，派徐福到東海去求取長生不老丹的行為，得到的結果同樣是一場夢！」

趙珍湘說：「這些事跡，都讓人看到了人類思想的執著，善用各種偏見或信仰來求心安、保護自己。」

游發憲又有發現說：「執著於求心安還會增加對立。」

郝奇新就質問：「游同學的事證是什麼？」

面對質問，游發憲微笑回答：

「在兩千年前後，美國以世界安全為名，發動阿富汗、伊拉克戰爭；又看到反美國人士，以上帝懲罰為名的恐怖攻擊屠殺，就是名副其實的為求心安產生的對立以及對立產生的戰爭。」

郝奇新馬上哦……一聲，然後同意的回答說：「游同學果然有獨到的發現！」

社會心理學者李德清教授說：

「求心安是思想的執著的依賴心，它害怕沒有安全、沒有保障，就一直追求安全、保障。這種追求、想要的行為，又顯然變成一種慾望了！」

物理科學吳李軻偕教授說：

「人類是生活在物質盛衰環境裡面，怎麼可能有永遠的安全？同學們的懷疑沒錯！人類都只活在思想製造、認為的『概念』安全當中。」

趙麗尤聽了吳李教授的話，就說：

「這麼說來，求心安的慾望和依賴，都是虛妄不實的『概念』而已嘍？」

吳李教授回答：「那是當然！一面嘴巴說要和平，一面動手殺人，有誰會相信呢？」

賈聰明馬上加了一句：「恐怖攻擊和伊拉克戰爭，可是蠻真實的！」

吳李教授又說：「當心眼看清這些事實的時候，會不會是抓到美國所謂的恐怖分子：『求心安的慾望和依賴』，這些不實『概念』的時候呢？」

竇淮儀還是懷疑的說：「在一般現實生活中的求心安行為，多少人正在做著前面討論過的拜拜，求神保佑。有誰會相信求心安是虛妄？有誰會知道拜拜、求神的不實？」

趙珍湘回答說：「咱們只是討論出事實真相，並不奢望人家奉為圭臬、做為準繩！

或許是這些人，還不知道事實真相吧？」

趙達安接著說：「所以，最實際的真相是：『除了自己，還有誰是隨時隨地都在的真正救星呢？』」

游發憲擔心地說：

「這樣的真相，會不會影響保險、保全、勞工安全事業的業績？這些可全都是求心安的機構。」

何維貴同學加入說：

「憑良心和事實來講，有這些機構以後，是真的可以給人類安心、安全。但也只此而已，並不能夠真正給人類長期安全。在電視新聞中，仍然繼續看到發生保險糾紛、安全疏忽的事故不是嗎？」

趙達安馬上接著說：「何同學只是把求心安是思想執著的『概念』事實，再重複一次而已！」

執著的說謊

游發憲同學忽然語帶笑意的說：「一發現執著為了保護自己，所編造出來的謊話，就覺得好想大聲的笑出來！」

賈聰明同學馬上接著說：「為人類特有的奇怪行為感到好笑？」

郝奇新同學好奇的問：「這有什麼好笑的？」

游發憲笑著回答：「怎麼不好笑，當閣下跟人聊天，只要仔細注意，一定會大吃一驚，因為內容幾乎全是執著的保護自己。」游發憲說下去：

「個人還在裡面看到：虛假保護虛假。」

郝奇新接著問：「這又是怎麼一回事？」

游發憲回答：「咱們討論過的：『求心安是虛假的、第一人稱是虛假的』求心安說謊話來保護第一人稱，不是虛假保護虛假嗎？」

趙珍湘接著說：「這麼說來，人類真的挺盲目。」

游發憲馬上問：「難道趙同學有什麼新發現嗎？」

趙珍湘回答說：「它看不到處心積慮保護的第一人稱，和執著的言行，都是假的，是其一；認思想創造的幻相為主人，把真主人當下一剎無住、無著、活潑潑的心遺忘，是其二。」

游發憲又說：「執著不止如此盲目，還有更好玩的！」

郝奇新又問：「游同學總是在牽動人家的好奇心！可請閣下詳細說分明？」

游發憲笑著說明：

「當執著認為有安全、有保障以後，就會炫耀自己。炫耀第一人稱的親戚、朋友、老師、學生，甚至學問、財產，乃至衣服、身體等等！看到執著這些行為，難道閣下不會想笑嗎？」

郝奇新回答：「是會笑沒錯！但，笑過以後，又能怎樣？」

竇淮儀問：「個人在想：人類的思想，為什麼不能夠看清虛假，然後放棄種種虛假行為，認真的只活在當下？」

宗教哲學余敦務教授就說了：

「只有本研討會開頭討論的心眼當下，用它徹底看到自己行為的來龍去脈，才有可能認識思想，思想才可能如如不動，思想不動的話，那裡會有什麼可笑的行為跑出來，大家認為呢？」余教授話說完，師享部長帶著大家鼓掌，感謝余教授和所有發言的人。

之後，師享部長宣布進行新的主題「慾望」作研討。請慾望署署長喻汪舵先生，主持探討。

超愛打扮的喻汪舵署長一身的裝扮，真的讓人感到視覺一新。喻署長致客套詞後，直接進入主題說：

「只要細心一點，就會發現慾望已經佔領人類的日常生活，真正的答案就要靠大家自己詳加探索了。請諸位就各自認識的「慾望」，就開始發言吧！」

認識慾望

易曼珠同學說：

「個人吃飯，只不過一碗，最多再吃個半碗，就感到好滿足。可是好友卜漫筑，卻天天跑小吃店吃點心，有時候竟然一吃兩三碗！看到這種情況，個人很難不說：『喔，天啊！個人真被打敗了！』這應該是慾望的關係吧？」

卜秋鐸同學接著說：

「在下喝水，也不過一杯就解渴，喝飲料也一樣，只喝一罐，有時一罐都喝不完。同學卜荀卻不一樣，喝的數量都是個人的倍數以上，遇到喜歡喝的，要停止繼續喝，好像要費九牛二虎之力！這，也是慾望的寫照吧？」

郝奇新同學說：

「兩位同學說的還不算奇怪，俺的鄰居種了十幾棵的小樹，為了給寶貝樹澆水，竟然在旁邊的田地，挖一口大水池來儲水！這是個人在鄰居用挖土機挖水池的時候，得到的答案。真是奇怪的慾望不是嗎？」

戴崇富同學說：

「個人曾經聽人說：『慾望沒有後視鏡，就好像螳螂捕蟬，不知黃鵲在後；黃鵲要吃螳螂，卻不知有人拿箭正要射牠。』這是不是說慾望的追求，只看到前面，不知道後果？」

賈聰明說：

喻汪舵署長贊許的說：「戴同學說的，個人覺得很對！」

「為了讓平淡無奇的生活耳目一新，在衣服、書籍、產品方面，創新、多變，算不算是慾望的一種呢？」

人類行為學者辛冠茶教授說：「就算是一種人類無害的慾望吧！」

游發憲有發現的說：

「有一些雜誌的推銷手法就是獎賞、利誘，先讓顧客知道有百萬大獎可以抽，來引發慾望，沒有中特獎的還有旅遊飛機票、高級汽車的次級獎，完全沒有中獎的還是全部送禮物。之後，又讓顧客看以前中獎人，在大場合領獎的風風光光，等等等的好處，引起羨慕……。充分利用人類貪求、佔小便宜的心，把產品一一的推到顧客面前。最厲害的一招是先把產品，無條件的先寄給顧客免費看，幾天時間內不買，可以寄回，不收一毛錢。」

社會心理學者李德清教授拍手讚揚說：

「游同學把雜誌的推銷手法觀察得這麼清楚，真不簡單！」一時，大家也跟著鼓掌鼓勵！接著，師享部長宣布上午第二次休息。

慾望追求

第三段研討一開始，喻汪舵署長進一步解釋慾望說：

「追求成功，就是追求慾望。用意志把想要的去實現，完成。很多人都抱有大大志向，更進一步希望大志向很快能實現。所以，追求成功的人，必然很執著，慾望很熾熱！」

社會心理學者李德清教授接著說：

「人一旦把成功做為生活的目標，害怕就會不期而來，怕這個怕那個，最主要就是怕失敗。」

人類行為學者辛冠茶教授加入說：

「這就是個人一向不鼓勵、追求一定要成功的原因了。為了追求成功，必然一路上被各種障礙追著打，或許人家馬上會嘲笑說：『那麼沒有勇氣，真像經不起風雨的溫室花朵！』問題不在勇氣，在競爭難免的衝突、難免的猜忌，猜忌一久，變成不能諒解的仇恨，收場可能是戰爭的殘酷！」

李德清教授繼續說：

「辛教授的意思是安全與成功不可兼得，追求成功的路，不可能安全，所以同時追求安全和成功，是有矛盾的！」

辛冠茶教授回答說：「李教授說的沒錯，事實如此。但是，個人所講的安全，並不是咱們前面討論過的『求心安』，而是仁：人與人之間不產生任何傷害的真安全，是當下就做的事實，不是天天去追求的夢想！」

李德清教授拍手贊同說：「好極了！這才是人類適當的生活！」大家也跟著熱烈拍手，鼓勵教授。

接著，喻汪舵署長請大家繼續討論。

賈聰明問：「個人常常看到人家，為了心願祈禱，這也是一種追求慾望嗎？」

游發憲回答說：「如果沒有第一人稱和第一人稱的慾望，那麼是誰在祈求呢？」

戴崇富接著說：

「個人曾經聽人說：『有所求是妄心』，以咱們討論過的『四種幻相』是虛妄來說，有第一人稱的幻相在，才有祈求不是嗎？」

宗教哲學余敦務教授說：

「沒錯！人類的慾望相當虛偽，先製造出一位神，然後向神祈求、依賴！」

游發憲又笑著說：

「這又是人類的一樁笑料！先設定萬能的神和無能的人類，然後讓無能的人類，只能向萬能的神祈求，才能得到……。這難道不好笑嗎？」說完還是笑！

竇淮儀懷疑的問：「人類的心，有可能對一切事物都不追求嗎？」

余敦務教授說：

「竇同學所講的心如果出現，有可能帶來人類無限清淨和無限自由！」

喻汪舵署長拍手贊同余教授，同時引動了大家的掌聲鼓勵！

接著，喻汪舵署長再請大家繼續。

慾望不能完成的情緒

辛冠茶教授說：

「憎恨就是慾望不能完成的火，慾望無法達成所爆發的情緒火。」

游發憲馬上接著說：「根據個人的觀察，這種火跟真正的火一樣，一不小心就燒傷、燒死人。」

趙達安同學問：「那麼咱們是不是要給情緒找滅火器？」

社會心理學者李德清教授說：

「恨的情緒是思想的一部分，所以，滅火是不是應該針對思想這個火源？」

賈聰明打趣說：

「把思想的火源室，都換成防火材料，憎恨的火災是不是就可以免除呢？」

余敦務教授回答：「防火當然是上上之策，就怕火已經延燒開來了！這可不是一般滅火器就可以產生效果的！」

賈聰明說：「這不是很令人著急嗎？」

余敦務教授回答：「除了心眼當下看清火源，給火源來個懸崖勒馬，嘎一聲就停住火的延燒……。最適當還是要有當下看清一切底細的智慧了！」

蔣顧世老師說：

「三國時代留傳的『瑜亮情結』，就是情緒的明顯例子。西蜀的諸葛亮，瞭解東吳周瑜的最大致命傷，就是控制不了自己的情緒，於是利用周瑜嗔的弱點來打擊，果然把周瑜氣得有語問蒼天：

『既生瑜，何生亮？』後來，真的因嗔而死。」

文倜多問：「周瑜生氣的情緒是怎樣發生的？」

蔣老師回答：

「就是周瑜第一人稱的慾望，達不到預期的成效？又處處被諸葛亮破壞掉。」

賈聰明就說了：「看起來慾望還真的很容易引起憤怒的情緒，尤其野心非常旺盛又受到阻礙的時候！」

蔣老師回答：「沒錯！」

郝奇新接著又問：「那麼一般人生氣，又多數是為了什麼？」

辛冠茶教授回答：

「大多是因為別人的行為，違背了自己的慾望，或者違背了社會的標準。」

趙麗尤就說了：

「每一個人都有獨自的自由意志，自由意志所產生的行為，該負責的是行為產生者本身，所以，為別人的行為生氣、責備，有必要嗎？」

趙珍湘也加入說：

「如果自己這顆心，對任何事沒有任何標準的話，還有什麼值得生氣的呢？」

游發憲又有發現說：「個人還看到有些人的情緒，是從抗拒不平等、權勢壓迫、理想不能完成產生出來。」

辛冠茶教接著說：

「游同學對情緒的觀察，真是認真深入啊！——情緒的確是非常難控制的行為，尤其是長時期受到壓抑的話，會像處在炸彈旁邊一樣，隨時有引爆的危險。」

「有沒有這樣實例呢？」賈聰明問。

小記者此時加入說：「個人這裡有一個電視新聞報導，就是情緒不幸的事故。」接著，小記者就唸了以下的報導：

耶誕兩千零四年八月二日電視新聞報導：

在日本兵庫地方，有一個人，一口氣用割喉的方式，殺了七個親人。其中六個人當場死亡，另一個人重傷送醫，生死未卜?

這一位瘋狂殺人者的做案動機，竟然只是單純被家裡的狗叫聲給吵煩了。據說殺人者，幾乎天天向家人抱怨家中的狗太吵了，可惜沒有一位家人反應，站在相同的感覺；也沒有一位家人幫忙改進狗叫的情況，經過長期的壓抑，炸彈終於爆炸了，傷害之大，震驚全日本。

賈聰明聽了報導吃驚的伸伸舌頭，然後說：

「這麼可怕的傷害，應該事先及早預防，不讓事故發生才是。」

文倜多就問了：「要怎麼預防呢？」

辛冠茶教回答說：

「情緒的預防，有賴心眼在當下作詳細發現。唯有平常細心，才能在情緒萌芽階段就加以發現，適當進行疏導化解，並隨時注意處理效果，才有可能真正防止情緒的凝聚危機。」

喻汪舵署長帶頭拍手鼓勵教授們的深入探索與剖折。之後又說：「請繼續！」

慾望的煩惱

游發憲繼續發現慾望的底細：

「慾望想要延續慾望本身帶來的快樂、美好的事，它會希望明天會更好，至少像今天一樣好。」

趙達安馬上就說了：

「咱們已經討論過、瞭解了：『物質世界之內，不是有希望就可能一一實現』。所以，慾望延續快樂的希望，一定有些會落空或碰到阻礙的！」

游發憲繼續說：

「一旦希望不能順利進行，就會求神問卜，找外力幫忙，卻免不了被外力所拘束。」

郝多聞同學就問了：「難道就沒有其它力量可以利用了嗎？」

物理科學教授吳李軻偕回答：

「有，有大自然不可思議的力量。但是，必須是慾望去順應這種力量，而不是慾望能夠支使大自然的力量！」

戴崇富同學說：「如此一來，慾望的煩惱肯定是要加深了！」

鍾富和同學說：「慾望這個要，那個要，統統都要，要太多當然煩惱嘍！」

游發憲接著就說：

「個人剛剛只把慾望的延續情況，只說了一半……，另一半是：昨天快樂、美好的事，今天要延續，明天也一定要繼續，不能繼續就煩惱！相對的，昨天不快、不好的事，今天要避免，明天也一定要避免，不能避免也煩惱！」

賈聰明若有所獲的說：「游同學的話，倒讓人發現慾望正是煩惱的源頭！」

趙珍湘也接著問了：

「認識煩惱的源頭──慾望，和產生慾望的第一人稱，都只是思想一時的把戲以後，煩惱會不會跟著減少呢？」

竇淮儀仍然懷疑：「事實有這麼簡單嗎？」

辛冠茶教授說：

「是沒有這麼簡單！進入兩千年以來，電視新聞男女情愛事件特別多：為了情愛互相折磨、互相傷害，以種種殘酷方式結束對方生命，這些都是慾望不能完成的傷害。」

李德清教授接著說：

「人的慾望，如果因為生活環境關係，長期飽受貧困禁制，一旦生活改變，慾望被解放，就有可能像決堤的洪水一樣，往四處奔流狂竄！」接著李教授講了一個有關的故事：

◆　◆　◆

耶誕一九七五年，有一位在日本統治台灣時期，被派往南洋當日本軍伕的台東縣原住民李光輝先生，在印尼的叢林中被發現，因而得到回國回家的機會，受人幫忙回到了台灣的故居台東。

李先生在印尼叢林中，自己一個人，靠一個放大鏡生火，烤自己獵來的動物和採吃野菜為生，過了三十幾年沒有什麼慾望的單純生活。根據李先生的自述：生了幾次瘧疾，在沒有醫生治療的情況下，都能平安度過。

回到台灣以後，慾望得到了解放，結果只經過三年就病死了。

◆ ◆ ◆

李德清教授繼續說：

「從李先生回國生活的表面看，最大的傷害是菸和酒，然而尚有看不到的傷害，那就是慾望的無限度了！」李教授繼續說下去：

「在世界性的新聞報導中，經常會聽到富豪名人的英年早逝，它的原因在命理書中常被提及，就是福祿享盡了；尤其是在青壯年就早早平步青雲的人。其實福碌享盡背後的底細，就是慾望無限！慾望無限的人，必須注意的是生命有限！」

文倜多馬上問：「咱們對慾望討論了這麼多，到底要怎樣面對慾望才適當呢？」

宗教哲學余敦務教授說：

「個人的淺見是用心眼當下看清慾望來龍去脈，生活不用武力，不傷生命、身體，乃至不傷任何人的心和財產，尊重生命、尊重智慧財產。」

慾望署長喻汪舵先生帶領大家熱烈鼓掌，感謝所有參與討論的人。

慾望的虛偽

接著，小記者發言說：「個人發現人類慾望的永不滿足，相當虛偽！」

郝奇新好奇的問：「小記者的證據是什麼？」

小記者回答說：「慾望虛偽的實際例子說出來，郝同學一定會感到不可思議！」於是，小記者說出以下的例子：

◆　◆　◆

耶誕二零零一年，由小學同學主導，開了一次四十年未見面的同學會。會後去探訪主辦之一的梁同學，順便拿同學會所拍的照片。

梁同學家住桃園大溪鎮，進入梁家以後，才知道是一座別墅型的大宅院，屋裡裝璜得十分華麗，超大電視、豪華音響、原木家具、進口高級家具、玉石、奇石、中外古董等等等……難計其數。任誰看了以後，都會以為身處某某博物館了。

然而事出意料之外，不到兩年的二零零三年，『煞使』呼吸道疾病侵襲台灣最嚴重的五月，梁同學竟因憂鬱症忽然病逝！

仔細想想：這麼大的豪宅、這麼多的財產，對梁同學來說，是一種怎樣的擁有？這種擁有是虛偽還是真實呢？

前例是上等家庭，至於小記者的平常家庭呢？在二零零三年底搬家，光是清理舊房子的東西，就整整花了十幾天的時間，其中最多的就是書和衣服。書是兒女的居多，因為喜歡文學又多有創作，所以，書和文具的數量非常多。衣服也一樣多，都是女性的。二十幾年來，雖然隔幾年就清一部分送到資原回收櫃，但仍然為數眾多。這麼平常小家庭，就有這麼多的衣服，不免讓人想到那電視上，天天換裝的名人、明星們的衣飾，不是會多得難以估計嗎？

在花了好幾天，才把舊衣服拿去舊衣回收櫃，用車載舊書去當廢紙賣的時候，不免出現同樣的疑問：

「難道思想的慾望，真的看不到自己虛偽的行為嗎？」

◆　◆　◆

聽完小記者的實例，郝奇新才如夢初醒的說：「不可思議，真是不可思議！」

慾望的痛苦

之後，游發憲又有新發現說：

「只要詳細觀察身邊的人，會馬上發現有很多的人，都生活在痛苦當中，咱們何不討論一下，這到底是不是慾望闖的禍？」

人類行為學者辛冠茶教授說：

「痛苦看起來好像是有生具來的，其實人類的教育如果做得適當的話，是有免於痛苦的自由的。當然慾望不能完成是不可否認的，其它方面，請合力舉發吧！」

賈聰明說：「有從身體疾病帶來的痛苦。」

趙步平說：「有從天災、人禍帶來的痛苦。慾望就是人禍之一吧？」

趙珍湘說：「也有從無常產生的痛苦，譬如親戚、朋友的忽然死亡！」

小記者接著說：

「每天的電視新聞，天災、人禍頻仍，證明游同學觀察多元。咱們看到耶誕二零零一年的九月，美國發生九一一世貿大樓爆炸的恐怖攻擊事件；在同此時間的前後，台灣也經歷數次颱風侵襲。九一一事件，重創了世界經濟；颱風的損傷，也重擊了台灣經濟和生活環境，這一年，可以說是台灣人的痛苦年了！」

游發憲又說：

「颱風淹水和土石流一再發生的事實，可以看到：人類天天喝水，卻忽略了水的厲害。人類的思想自認非常聰明，卻沒有辦法避免死傷在水災、火災的痛苦，令人不得不對思想產生質疑？」

賈聰明重複說：「本來到大醫院才可以看到的種種痛苦，而今看電視新聞的當下，就有更深的感受！」

游發憲也重複說：「從電視裡出現的人類苦難源頭，到底歸在那裡呢？」

余敦務教授回答說：「心眼當下看到：『心的住宿』是人類的來處；其實它同樣是人類痛苦的源頭。」

趙珍湘要求說：「請余教授再多作說明好嗎？」

余敦務教授回答：

「心住宿在咱們已經討論明白的：思想的分別、比較、執著、慾望，還有尚未討論到的依賴、傳統、時間裡面，才會不斷發生不幸和痛苦。」

趙達安又要求說：「請教授再作解釋好嗎？」

余敦務教授不厭其煩的說：

「付諸東流就是慾望落空，沒有收穫。如果一切希望、抱負付諸東流，是相當痛苦的不是嗎？假如行為當初，已經了解宇宙萬事是只問耕耘，不計收穫的——就是咱們討論的『不定論』，那痛苦是不是可以減輕，甚至沒有痛苦呢？」

余教授繼續說下去：

「人類的願望和夢想，乍看之下，好像必須，其實也是人類痛苦的一種，因為願望屬於思想。而讓人類苦多於樂的，正是思想本身。」

慾望產生的痛苦，正在探討，休息午餐的鐘聲就響了。師享部長猶豫一會兒，然後說：「大家還是休息午餐吧，恐怕胃腸都在唱空城計了？」於是，大家意猶未盡的走出會場，休息，午餐。

下午一時，會場準時開議。

師享部長說：「咱們就從慾望產生的痛苦接續下去。」

郝多聞同學還是針對願望和夢想說：

「當看到願望和夢想，給生活造成種種的壓力和痛苦之後，不免要問：『人類可不可以不要有願望和夢想，就像物理科學吳李蚵偕教授說的那樣：只順應著大自然的力量去做就好？』」

游發憲也針對郝同學的話說：

「郝同學的問號，讓人感到有一點像，跌落海中浮浮沈沈的求救者，冀求脫離苦海而向燈塔凝望的眼睛！」

賈聰明馬上就接著說：

「閣下怎麼一下子把人推入海中了？在陸地上的擔子，已經壓在肩上好沈重，讓人喘息連連了！」說完，臉上堆著苦笑！

這時候的游發憲也笑著回答：

「賈同學雖然口中抱怨著，卻仍然願意挑著重擔，步履蹣跚不是嗎？」

賈聰明馬上反應的說：

「游同學的意思是把擔子裡的東西拿掉一些，到適合自己的負荷，才挑嗎？」

游發憲笑著回答：「當然賈同學也可以選擇放下擔子，一去不回頭呀！」

此時的賈聰明竟然哈哈大笑的說：「那樣的話，在下不就要改姓鄭，叫鄭聰明了嗎？」

游發憲仍然笑著說：

「看樣子閣下已經看清楚自己身上的大大小小包袱了，這不是當下就可以過完全不一樣的生活了嗎？」

賈聰明繼續開玩笑：

「游同學已經把人當成不沾鍋了？不沾鍋把食物煎得漂漂亮亮，又免除難洗的煩惱，還真是不錯的發明！」

游發憲也跟著玩下去：

「賈同學是說，有人被生活環境黏著煩惱的時候，建議不妨使用不沾鍋？」

宗教哲學余敦務教授也加入說：

「兩位同學把心眼當下的詳細看，看透了，變成思想是思想、心是心，思想和心，可以分開了？」

小記者接著加入說：

「小記者新認識一位蔡先生，最近正被金錢所困，籌款無門、走投無路，惶惶終日，經常忽然打電話來訴苦：『怎麼辦……怎麼辦？……』小記者就是要這位朋友把發生的事和心分開、放下：事是事，自己的心是自己的心。不要把心放在事裡面受壓迫，世上沒有一件事，值得如此這般虐待自己的心？」

大家的討論，引發了蔣顧世老師的故事，接著就是蔣老師有關的故事：

以前，慧可禪師曾經向達摩祖師請求安心，達摩祖師說：「閣下必須先把不安的心，找出來、交出來，自然為閣下安心。」但是，慧可禪師再怎麼努力，還是找不著那一顆不安的心。後來也終於明白了：「所謂不安的心，只不過是虛妄不實的思想」只要把虛妄的思想丟掉，心如如不動，平安無事。

在達摩祖師傳衣缽之前，急智考試了在場的修心人，慧可禪師就是以沒有說話的如如不動：不沾染的智慧，得傳衣缽。

◆ ◆ ◆

蔣老師繼續說：「故事就是卸下包袱、不沾鍋、事是事，心是心、心當下抽離思想。心不動思想的話，痛苦從那裡跑出來？」

郝多聞忽然突兀的提問：「聽說人類一再出世來飽受痛苦，是為了一再修正自己過去的錯誤行為，是這樣嗎？」

余敦務教授就回答了：

「何必管傳說的真假，用適當的行為，做適當的事，過適當而沒有痛苦的生活，大家都可以當下就試試看：用心眼看清苦海的點點滴滴，當下脫離——突然之間已變成，是有可能的！」余教授說下去：

「人類一切的痛苦，都可能從當下這一剎那停止，從當下這一剎那認清虛妄開始、結束。這就是時間、過程署時簡幗娠署長所說的：『有時間、過程須要漫長歲月，心眼當下不須時間、過程』所以，當下脫離痛苦，是有可能的。」

喻汪舵署長拍手贊同大家的討論，同時引起大家熱烈的掌聲！

掌聲過後，師享部長宣布結束當前議題，進入下一主題「依賴」。為大家請依賴署署長易來仁先生，主持研討。

認識依賴

依賴署小胖署長，請大家就自己見解的「依賴」，隨意的開始探討，詳細看看依賴是不是人類的枕頭、靠背？

游發憲同學拿出筆記，唸了以下這一段文章：

「夏天，在大樹蔭下面，微風輕輕的吹著，加上可以在躺椅或平滑的大石頭上，躺下來休息，真令人覺得舒服又自在！」唸完之後，請問大家聽後的感受？

賈聰明馬上就說：

「那當然是好好的睡上一覺，來消暑又享受嘍！不，應該說是順應大自然的恩賜了！」

古意仁同學說：「選擇樹蔭，總比晒太陽流汗舒服吧？」

趙麗尤同學說：「對呀！雖然理由是思想的，究竟是無害的選擇！」

趙珍湘同學有不同的意見：

「所謂的舒服、自在都是靠躺椅、平滑的大石頭、微風、大樹蔭才有的，所以不是心的自在，而是思想的自在！」

游發憲贊同的說：「說得妙！個人就是發現藏有思想的『依賴』！」

小記者也說了一個相同的事例：

「有一天，在電視節目看到一位主持人，因為女兒打電話告訴：『當選了多年努力爭取的副班長』而感到雀躍不已，因而分享給觀眾這一份喜悅！」接著又問：「人類真奇怪，一定要得到什麼才高興，得不到就天天苦惱，得到、高興了以後又怎樣？不是還有進一步的目標，進一步的煩惱嗎？」

郝多聞卻替小記者問：

「所以，小記者要問的其實是：『人類的心，為什麼一定要靠大樹蔭才舒服、靠當副班長才雀躍？』」

辛冠茶教授回答：

「郝多聞同學剛剛問的『人類的心』，事實是『思想的心』。答案是思想的心，每天要、每天抓，習慣了！」

李德清教授說：「人類思想裡的害怕如果太多，也會走依賴的路，就是用依賴來減少、減低害怕。」

游發憲接著說：

「經李教授這麼一說，個人發現：『走傳統路線的人，因為對未來的一無所知，充滿疑慮和害怕，所以就依賴傳統，至少回首過去，根據老方法，看起來好像天經地義、理所當然，不會有問題的樣子！』」

李德清教授說：「就是這樣，才有那麼多的人去追隨傳統。」

游發憲又有發現的說：「追隨、依賴、服從，都可以直接享受別人的成果，卻是思想的懶惰、投機行為！」

鄭聰尹也同樣發現：「其實服從就是煽火權勢，造成彼此不平等，馬上就貶損了自己，使自己失去了自由。」

辛冠茶教授說：

「兩位的發現，實不簡單！因為人類的依賴心根深柢固，不容易自己知道，才會拜拜，求最高的力量來拯救，或者要別人告訴怎麼做？」

趙珍湘同學說：

「咱們前面已討論清楚：『除了自己之外，誰能夠解救自己？』當閣下能夠真正看清這樣的事實，自然是跟以前大不相同不是嗎？——主要在看清實況，發生自然的改變，而不是依賴別人告訴的方法，才改變的。」

易來仁署長拍手鼓勵說：「諸位討論的真是深入、精采呀！」大家聽了，也跟著鼓掌！小胖署長接著說：「請繼續發言！」

最高力量

竇淮儀同學說：「個人懷疑人類所謂的最高力量？」

游發憲說：「竇同學在效法西方的尼采嗎？尼采敢說：『上帝已死』不正是懷疑最高力量嗎？」

竇淮儀又說：

「個人懷疑是人類依賴的性格，為了得到依恃、靠山才創造出最高力量？」

趙麗尤有同感的說：

「個人在廣播和書裡面，聽、看到有關信仰的調查，說有信仰的人，生活得比較長壽，日子過得比較紮實，所謂的原因說是心事有地方告解，或者可以當面向神父、修女請益，又可以靠教友的連誼，打消寂寞、孤單的心情。如此一來，生活忙碌的現代人，大部分心理健康不足，用最高力量作為心靈安撫，就變成了一條出路。」

曾淵旺接著說：「像趙同學說的這樣，寺廟就變成了害怕者求得安慰的地方，教堂也就成為不安者取得贖罪的天堂了？」

竇淮儀又問：「要不然，曾同學認為人類信仰的動機是什麼？」

賈聰明回答：「當然是讓不安的心安定了，不然會是什麼？」

竇淮儀繼續說：

「信仰莫不是對已經造成的恐怖和傷害找療方，也對將來可能造成的不安和傷害找擋箭牌。多數人因為內心不安，才抓住信仰不放，尤其是自認為有做許多壞事、有罪的人，更是逃避在信仰裡面，依賴信仰以得到救贖。」

賈聰明又問：「竇同學這種認知，會不會是成見、結論呢？」

竇淮儀說回答：「這是讓閣下看到害怕和不安的底細，只有看清楚，真相大白，才有解決之道不是嗎？」

游發憲說：「個人發現：越是依賴人、事、物，就越產生害怕、不安！」

竇淮儀又說：「所以，個人還是認為要沒有依賴，必須先徹底的瞭解害怕與不安。」

文倜多問：「那麼，生活上還有什麼情況，足以造成內心的害怕與不安呢？」

趙達安回答：

「個人發現貧乏不足、空虛寂寞，也會讓內心面感到害怕、不安！」

郝多聞接著問：「貧乏不足、空虛寂寞是怎樣產生的呢？」

游發憲回答：

「別人擁有的自己沒有，當然感到貧乏不足；別人富有人緣好，自己卻貧窮沒有朋友，努力追求的結果，還是求之不得，自然會空虛寂寞啦！」

郝多聞似有所悟的說：「原來害怕、不安是從比較之後，輾轉產生出來的！」

文倜多又問了：「現在，咱們已經徹底瞭解害怕與不安是比較所產生出來，下一步該怎麼辦呢？」

社會心理學者李德清教授回答：

「那就要看閣下自己，可不可以實實在在的面對貧乏不足、空虛寂寞這樣的實況，不作比較，也不逃避了？」

文倜多繼續說：

「如實面對貧乏不足、空虛寂寞，不作比較，事實是很難做到的呀！」

李德清教授回答：

「的確很難，但是，只要閣下看著這樣的真實情況，就只看，心就是不動的話，接下來害怕和不安就會跟著消失！因此，就再也用不著依賴了不是嗎？」

游發憲又發現說：「個人發現：罪也是害怕、不安的一種因素。」

宗教哲學余敦務教授說明：

「不知道罪的底細，才害怕，要求贖罪。罪是什麼？罪就是思想的念頭一直動作，蠢動不停，就傷害到真心，這才是真正的罪。所以，心和思想，就是不動，就是休息，罪與害怕，也就會消失無蹤。」

聽到這裡，賈聰明忽然大聲說：「這麼一來，依賴、擋箭牌，還用得著嗎？還需要什麼信仰嗎？」

幾乎每個人的心裡都有相同的答案：「對！」

◆　◆　◆

「概念」安心

之後，小記者唸一則生活記錄，給大家聽，作為「依賴」的生活實例，讓大家一起面對現代人的真實行為：

有一天，同事在工作中忽然停下來，拿出金香、餅乾、水果擺在地上，點香拜拜，然後燒起紙錢來了。

小記者上班的公司，每逢農曆初二、十六，也一樣看到管事、領班，用三牲、餅乾、水果和酒的祭拜，並藉此給大家加菜。

拜拜是一種依賴和習慣吧？要不然大家為什麼非做不可，無法控制自己不拜？有一天，問這些拜拜的人，為什麼拜？回答是：

「那些看不見的好兄弟，肚子餓、沒錢花，就會破壞現場的機械、車子，甚至讓人無端受傷，乃至死亡，為了防範未然，先拿一些食物給好兄弟吃，一些錢給好兄弟花用，就不會來搗蛋了。」

「這是不是賄賂好兄弟？好兄弟有那麼容易賄賂嗎？」這是小記者的疑問？

◆　◆　◆

小記者繼續問：

「是不是因為社會教育、學校教育產生的害怕、不安非常多，又無法解決，才產生依賴鬼神的心裡呢？」

游發憲笑著說：

「個人說過：『人類一方面製造有能力的、甚至萬能的神，另方面設定軟弱無能的自己，之後，為了依賴，用好吃的、貴重的祭品，向神禮拜、賄賂，求取自以為是的安慰！」

趙珍湘接著說：

「人們常毫不思考的就批判某某行為是迷信，卻完全看不到自己真正的迷信，這其中的原因，非常值得深入探討！」

人類行為學者辛冠茶教授說：「個人非常同意趙珍湘同學的意見！」

依賴的負面

游發憲繼續把所發現的事實說出來：

「個人從二零零一年的九一一事件，到二零零三的美國出兵打伊拉克，充分看到了人類權勢、暴力的實況。看到人類竟然依賴權勢和暴力，來達到自己所謂的和平？」

辛冠茶教授同意說：「這是一種可怕的和平！」

賈聰明問：「這是怎麼一回事呢？」

辛冠茶教授解釋說：

「不管目的是什麼，先使用武力、先殺人就已經沒有和平可言了！更何況人類的進步，已經到了二十一世紀，還在使用暴力對付暴力；以暴易暴怎麼可能停止暴力呢？如果接下一句就是：『冤冤相報何時了？』不是嗎？」

休息的鐘聲響了，師享部長徵求大家的意見，結果是繼續探討完本段再休息，所以，游發憲繼續說下去：

「暴力是不是思想的依賴心，拱出來的權勢，所產生的行動？」

文倜多問：「問題在人類為什麼非依賴權勢不可？依賴權勢，才讓權勢的暴力傷害人類不是嗎？」

竇淮儀還是懷疑：「現代人依賴權勢和暴力來達到和平的居心，本人懷疑？」

賈聰明說：「如果人類繼續依賴權勢，不是衝突、暴力沒完沒了？」

鍾富和附和說：「還會生活在害怕的陰影裡面，沒有自由、沒有平等，過隨時被威脅的日子呢！」

游發憲繼續說：「所以，權勢和暴力是被很多依賴心，一起拱出來的氣焰！」

鍾富和繼續附和說：「權勢也是當世最可怕的殺人控制鈕！處在權勢的位子或旁邊，一不小心，馬上可能受傷甚至毀滅！」

游發憲說下去：「黨派，也是依賴的形成。把自己屬於團體、組織，馬上得到『概念』上的安全保障，又可以立刻壯大自己的力量，然後充分利用團體的勢力，成就一己的慾望！」

趙步平同學說：「所以，它既是分別，也是權勢，是衝突、不平等的源頭！」

游發憲又說：「個人在服從權勢裡面，發現縱容暴力的事實。」

趙麗尤同學接著說：「權勢還是違反自然的控制和支配，過度的控制和支配，可能造成人類的死傷和大自然的重大傷害：廣島原子彈爆炸、核子反應爐的意外事故，就是見證！」

易來仁署長一面拍手，一面讚美說：

「各位的討論發現，真是精采又寶貴呀！」大家聽了跟著熱烈鼓掌。

師享部長說：

「現在大家做下午第一次休息吧！下一段開始時間，就往後順延。」

研討時間一到，所有參加的人，已進入會場蓄勢待發。師享部長說：

「咱們已經把『依賴』探討完了，接著就來討論：『傳統』，請傳統署鄒川通署長，為大家主持討論，鄒署長，請！」

老學究鄒川通署長沙啞的說：「請大家就自己對『傳統』的認識，多多提供意見，不要客氣！」

認識傳統

鄒川通署長接著沙啞的對「傳統」作解釋：

「朝代在時間的輪子轉動中興替著，人物也是長江後浪推前浪；但是，名叫『傳統』的這把尺，卻仍然被拿來當寶貝，留在心裡，代代相傳。」

沙啞的聲音繼續下去：

「結果是，家裡的父母喜歡用這把尺，學校的老師更常用這把尺，乃至閑聊的東家長西家短，也拿出來丈量一番！」

賈聰明忍不住的問：「這樣不是很好玩嗎？」

鄒署長回答說：「咱們現在就是要來討論它，看看到底好不好玩？」

游發憲說：

「咱們討論『依賴』求心安的時候，說過人類因為害怕將來的難以預知，很自然的就躲在傳統的已經知道裡面，覺得比較安全有保障。」

鄭聰尹說：

「根據鄒署長剛剛的說明，傳統分明就是已往種種的延伸，而現在人的思想，仍然繼續延伸著已往種種！」

鄒署長繼續說：

「是啊！張三，雖然已經換上新的外衣，卻捨不得丟掉還沒有壞的內衣，同樣，李四買了新瓶子，裡面裝的還是舊酒，認為陳年老酒是寶貝。所以，傳統常常在一定的公式中運算著，讓人一方面壓抑著自己創造力，一方面仍然模仿著古人，一種心不斷掙扎的局面。掙扎的心，是扭曲的，不能自由揮灑的不是嗎？」

吳職卓就說了：

「但是，咱們可以看到，沿著傳統路子走的人，的確會快一點、順利一點得到認同不是嗎？」

游發憲說：

「可是，咱們也看到，傳統得到認同的權勢一旦壯大，就走不出權勢的大霧，因而造成很多社會秩序失衡，暴力、仇恨不斷的遺憾！」

人類行為學者辛冠茶教授加入說：

「另外，在人類出生認知不多的時候，很容易的就被傳統直接影響，變成一種順從、附和的人，凡事都依賴、模仿著別人，甚至被塑造、控制著，自己還不知道！尤其是服從傳統宗教的人，很容易被人以上帝之名利用，耶誕兩千年以來的『聖戰』，就是讓人不得不懷疑的事實。」

游發憲接著說：

「從辛教授的一席話，就清楚的看到傳統的傷害！還看到對傳統、權勢並不瞭解就先屈服的盲目尊敬！」

竇淮儀馬上懷疑的說：「所以，咱們看見的傳統，並不是那麼的安全有保障不是嗎？」

賈聰明問：「除了剛剛討論的，竇同學還有什麼話說？」

習慣是罪犯的溫床

竇淮儀回答：「傳統裡面，充滿許多的習慣，有些習慣的結果，可能就是罪犯的溫床。例如：習慣喝酒開車、吸強力膠、吸毒……。」

小記者加入說：「這倒是事實，小記者有一個真實的故事，可以證實竇同學的看法。」：

◆◆◆

耶誕一九九五年六月，有一位田姓同事退休，領到的退休金就近五百萬元。過了幾個月，又回到公司做臨時僱員，大家都認為有這麼多錢還那麼打拼，真是勞碌命。

想不到的事情接著就發生了，次年春節的第一天，竟然傳來逝世的消息，事情真的讓人感到太突然！事故是這樣的，當年除夕夜，田家二兒子想去唱歌通宵，向爸爸要錢，爸爸就是不肯給，二兒子又非要不可，因為知道爸爸有那麼多的退休金，認為拿幾千塊過年快樂唱唱歌，沒有什麼大不了？雙方僵持之後，就產生了拉拉扯扯的動作，結果田姓同事不小心頭碰到了桌子，當時覺得沒有大礙，就上床睡覺，想不到這一覺，竟永遠醒不來了！

小記者補充說：

「本例正是習慣產生的事故。事故原因之一是父親吝嗇，看錢太重的習慣。之二是父親執著金錢，兒子執著慾望的習慣。之三是父子爭執拉扯僵持的習慣。其它可以看到父子兩人心中，都沒有真愛，不然一定不會為小事父子爭執不下。」

辛冠茶教授說：

「習慣真的是很多事故的肇因，咱們經常在電視新聞中，看到不少自殺成為習慣的屢犯，動不動就鬧自殺，造成龐大社會資源的浪費！個人最近看到的電視新聞報導就是一例」：

◆ ◆ ◆

耶誕二零零四年九月四日台南有一位張姓男子，又想不開跳樓自殺。想不到卻剛好掉在一輛汽車上，造成車頂全部塌陷，汽車裡面是一位曾姓女駕駛，被這飛來橫禍壓到頸椎斷裂，兩人送醫的結果是，自殺的張先生只有輕傷沒有大礙，被壓的曾女卻在第二天不幸傷重死亡。這也是習慣帶來的罪，本來是要自殺，卻變成了過失殺人被起訴！事情的發生，太不可思議了！」

◆ ◆ ◆

郝多聞接著說：「這麼看來，習慣也是一種業障了！」

辛冠茶教授反問：「郝同學以為習慣是什麼呢？」

賈聰明說：「個人曾經聽到這樣的對話：

『什麼是業障深重？』答：『就是習慣再三改不掉吧？』」

辛冠茶教授繼續說：

「習慣再三的原因，多數是因為快感的思想延續作用，就是想不斷重複快感的心。其實想得到永遠快樂的心，還是不期的出現許多痛苦。因為世事無常，當好花謝了，好景變了，……就是咱們討論過的：『慾望不能完成！』」

鄒川通署長加入說：

「重要的不是重複的事和次數，而是咱們討論過的思想種種心存在，還有將要討論的時間、過程存在。時間、過程存在，業障就跟著存在。」

文倜多問：「人家說的善、惡業力，就是習慣的執著力量不是嗎？」

宗教哲學學者余敦務教授回答：「正是！它的黏著力相當強，要不然所有的修心行者，都能很輕易就擺脫它了不是嗎？」

游發憲發現說：

「是啊！到處都看到一直、一向如此傳統，一味這般習慣，就是迷失在它裡面，原地踏步，走不出來！」

竇淮儀懷疑的說：「個人也一樣，很難相信：重複說相同話的鸚鵡，是聰明的？」

游發憲接著說：「個人發現：人類無法停止重複的原因，就是走傳統老路以策安全、對未知的沒有把握和沒有能力創新？」

戴崇富同學說：

「個人的鄰居鍾佟陸在聊天的時候說，二十年來上班一直都走同樣的路線；這不正是游同學所謂的走老路以策安全嗎？」

游發憲繼續說：

「個人也發現有些人做事，一定要依舊有的模式：看法不變、習慣不變，個性卻變了，變了樣的個性就是固執！」

鍾富和也來附和說：「咱們家堂哥鍾顧志的固執脾氣，一向都讓親戚朋友們感覺到很不舒服！」

小記者也說了一件相當誇張的事：「小記者老同事林城先生，三十幾年來，幾乎（接近）天天晚上都打麻將度大夜，如此長遠不變的習慣，大家會不會覺得難以置信呢？」

辛冠茶教授聽了以後說：

「從大家說出的種種事實看來，習慣對人類的影響，著實到了令人不可思議的地步了！」

余敦務教授接著說：

「個人剛剛才說過，就是人類思想中的傳統習慣黏著力太強了！強到有一點任憑擺佈的味道。」

郝多聞就問了：「咱們既然當下看透了傳統習慣產生業障，也不安全，接下來的行動是什麼？」

余敦務教授回答說：

「個人建議大膽的去嘗試從未嘗試過的事物，勇敢突破現狀！行動雖然可能遇到山窮水盡疑無路的狀況，但，通常在一轉身之間，就發現了柳暗花明又一村的新境界！因為人類生命的潛力，是無限可能、無限寬廣、可以脫離習慣、改變方向的。所以，不要坐在窄巷死胡同裡轉不出來的車子上，應該立即下車離開！」

鄒川通署長聽了余教授的建議，鼓掌說：「好建議！好建議！」大家也接著熱烈鼓掌，勉勵發言的人。

接下來，師享部長說：「對『傳統』的探討，就到這裡吧！咱們繼續進行下一個主題『時間、過程』，請時簡幗娠署長為大家主持討論。」

時間、過程署時簡幗娠署長站起來說：「咱們又有直接對話的緣分了，歡迎大家！請踴躍發言，深入探討。不要客氣！」

認識時間、過程

時間

人類行為學者辛冠茶教授先發言說：

「喜歡事事拖延的人，就是心裡面充滿了時間。因為有的是時間，所以把很多事都拖延到明天。個人覺得這種行為，是人類的一種無形的偏見和障礙。」

賈聰明馬上接著說：

「既然是無形的東西，令人有一點捕風捉影的感覺，不如請故事老師先講一個有關的故事，熱熱場好嗎？」

郝奇新立即拍手面對蔣顧世老師說：

「好意見！好意見！不知蔣顧世老師意下如何？」大家聽說，也跟著掌聲四起，是鼓勵也是邀請的掌聲吧！

蔣顧世老師接受請求，卻開玩笑的說：

「想不到只會講故事而已，就這麼受人喜歡！——韓非子五蠹篇的『守株待兔』就是最好的時間故事。」

◆　◆　◆

一個農夫，在種地的時候感到疲勞，就坐在一棵大樹下休息。正在無精打采之際，被突如其來的一種撞樹聲音嚇了一跳，往傳出聲音的地方一看，看見一隻兔子撞傷在那裡，一動也不動。

農夫不費任何力氣，就抓到一隻兔子，心裡好高興，心想如果等一下或者明天、後天再有兔子來撞樹，就可以天天得到兔子，再也不必每天辛苦耕種了。

真的，農夫從那個時候開始，就天天坐在那棵樹下，等待兔子來撞樹。

◆　◆　◆

故事說完，蔣老師接著說：

「故事中農夫的行為，就是辛教授所說的：『心裡充滿了時間』，可以用這些時間來等兔子二次、三次撞樹。故事讓心眼當下看到：『思想為了達成慾望，時間可以無限的往後延伸！』」

宗教哲學余敦務教授馬上接著說：

「對，對，對！人類在走向當下頓悟的路上的一堵無形大障礙，就是時間了！」余教授接著說下去：

「人類發明鐘錶，其實是用在作息上的安排，方便均衡工作與休息，讓肉體有健康的運作。另外，在記錄人類的歷史上，也可以用它作為秩序的編排，以便利研究歷史的人使用。」說到這裡，余教授卻一下子換以嘆息的口氣說：

「非常可惜！因為這樣的關係，卻不幸的在人類的心裡，形成了心裡時間，讓人類對心裡時間，攔之不覺，揮之不去！」

文倜多疑惑的說：「心裡時間有什麼錯誤，怎麼是一堵無形大障礙呢？」

余教授回答說：「它讓人的心，迷失在時間、過程裡面，走不出來！」

文倜多還是疑惑的說：

「人類工作、休息，休息、工作的生活，很有規律，一點也不迷失呀！」

余教授繼續回答：

「個人講的迷失並非生活、工作的規不規律，而是全世界修心人每天都在找的『心當下的清楚明白』！」

文倜多繼續問：「那麼多人所找的『心當下清楚明白』是什麼？」

余教授再續答：

「清楚明白心只有當下，沒有時間，沒有過程。等於心當下的鐘錶壞了，時間停了，心的過程沒有進行、停止進行的情況。」

賈聰明詫異的說：「心的時間沒有了？」

余教授回答：「正是！」

竇淮儀加入討論，懷疑的說：「應該不是心臟停止了吧？」

余教授回答：「當然不是指死亡，只是心的時鐘壞了、不存在了！」

游發憲也加入說：「余教授在質疑心的時間存在？」

余教授回答：

「人類為什麼不敢質疑心裡時間？這會不會就是修心人的盲點所在？」

趙珍湘同學說：「余教授的意思是修心的第一步就在認識心裡時間的障礙，突破心裡時鐘的糾纏？」

余教授回答：「正是！當下把使用在作息、記錄的鐘錶時間，從心上排除掉，看看自己究竟損失了什麼？」

時簡署長當下拍手稱讚說：「余教授真是觀察入微，認識精確呀！」一時，大家跟著熱烈鼓掌！

時簡署長繼續說：「心沒有時間的話，當下認清當下就做到了，那人類的生活就可能立時不一樣嘍！」

討論到這裡，師享部長宣佈下午第二次休息，大家就熱烈鼓掌，感謝署長、教授、同學們！

休息過後，開始第三段研討。時簡署長提議：

「咱們不妨把『過程』，先作探討！然後再來綜合討論」

過程

於是，宗教哲學余敦務教授馬上就開始針對「過程」主題說：

「心有時間的話，就馬上有前一秒、這一秒和下一秒，時間拉長，就有昨天、今天、明天，去年、今年、明年，已往、目前、將來的過程。心有過程，人就會留下記憶，產生因果，有了因果，人就不斷投胎轉世，歷盡滄海桑田，上演著『天方夜譚』的故事。」

賈聰明這回聽得十分清楚的說：「喔！原來人類有如此這般的歷史！」

游發憲說：

「余教授講的分明是咱們前面已經討論到的分別與執著幻相，加上現在的時間、過程，就有演不完的悲歡離合、講不完的物換星移嘍！」

戴崇富也跟著發表所見：

「譬如甲說：

『我要存很多錢，將來老年過好日子』；乙說：

『我要建立百年事業，讓家族世世代代、風風光光』；丙說：

『我今天要比昨天更進步、也希望明天會更好！』這些全部都是過程心說的、做的，對吧？」

鍾富和也接著說：

「宗教教人說：現在做某某某好事，將來會有等等等好的報應；現在做某某某壞事，將來會有等等等壞的報應。這就是剛剛余教授說的：由過程產生的因果心了！」

竇淮儀出口就是懷疑的說：

「根據余教授前述說法：『心沒有時間』，心應該也可以：『沒有過程吧？』」

余敦務教授回答說：

「是的，昨天、今天、明天，去年、今年、明年，已往、目前、將來的過程名詞，可以使用在語言、文字的講述、記錄故事方面，不適合拿來比喻人類當下的心，因為當下心是沒有過程的。」

趙達安接著問：「為什麼三種過程名詞，不適合比喻人類的當下心呢？」

文倜多也問：「是呀！咱們要怎樣去瞭解三種名詞，不是人心當下的實際狀態呢？」

余敦務教授回答說：

「第一、使用這三種名詞作比喻，只是思想認為它是這樣，就這樣做比喻而已，絕對不可能就是所比喻的真相。

第二、已往種種是記憶，不是眼前這一剎那的實際狀況。所以，比喻的只是歷史不是嗎？

第三、對目前的比喻，也不真實，因為當下的嶄新，不在語言、文字可以說的範圍之內，不管怎麼形容，都只是形容詞而已不是嗎？

第四、將來只是思想的假設，更不會是真實的。」

余敦務教授接著質問說：

「當心眼徹底看清三種名詞所比喻的，都不是真實的情況下，會不會立即看到當下一剎那的嶄新，才是真正的事實呢？」

戴崇富聽了余教授的話以後，當下馬上說：

「聽了余教授的解說以後，個人剛才例中甲、乙、丙三個人所說的：『存錢老年好過、百年基業、更進步、會更好』這些願望，都只是預期的夢想嘍？」

余教授說：「沒錯！看起來戴同學還蠻能夠舉一反三，觸類旁通呢！」

賈聰明也想舉一反三的說：

「歷史的經過，需要時間、過程，所以說：歷史就是時間、過程。心裡面有時間、過程的存在，會直接認為修心、心的改變，也同樣需要時間、過程的考驗和苦行了？」

余教授回答說：「對，宗教的苦行，就是時間、過程產生的。會不會是接觸『原本』的一種障礙呢？值得人類深入探討！」

趙珍湘也來舉一反三說：

「海市蜃樓大家都知道是看到虛幻，很多人活在時間、過程的思想海市蜃樓當中，卻一點都沒有發覺不是嗎？」

余教授拍手回答說：「趙同學的觀察真不錯！」一時，大家也跟著拍手鼓勵！

改變不了

文倜多再提出問題：

「剛剛賈聰明同學談到心的改變問題，相信想要改變自己的人，一定很多，但是，真正能夠改變的人並不多。因為不能改變而感到痛苦的人，卻不在少數呢？」

時簡署長說：

「咱們在討論『比較』的時候，談到人類一再重蹈覆轍的原因？就是因為思想的時間、過程不是嗎？」

柯以祚同學說：

「要想改變，專家學者有許許多多的方法，遵照去做結果都是效果有限，觀察原因，就是時簡署長說的時間、過程關係了！時間、過程在，生活環境的種種阻力就在，所以才困難重重，耗費精力多而收穫少了！」

時簡署長說：

「沒錯！所以當時咱們不是討論到非思想的當下行動嗎？心眼當下徹底看清心裡時間，當下（當下就是脫離時間、沒有時間、不需要時間）進行扭轉行動，怎麼可能不見效呢？」

此時，竇淮儀又提出懷疑說：「當下看到自己身上的種種捆綁，當下動手解開捆綁是沒錯，萬一當事人能力不足怎麼辦？」

游發憲有所發現的說：「竇同學似乎看到有人需要幫助？」

時簡署長解釋說：

「當下看到，立即解開的『解開』，如果變成飛車迎面撞來，必須當下閃開的『閃開』的話，是自己趕快閃開，還是等待別人拉開呢？當下絕對沒有時間的選擇，這就是竇同學問題的答案。」時簡署長繼續解說：

「認為自己可以一天一天慢慢的認識捆綁，然後才一點一點解開捆綁的人，很難有機會真正解開它，因為過程本身就是最牢固的捆綁，並沒有被發現！」

竇淮儀若有所悟重複說：

「時簡署長的意思是：在時間、過程裡面追求改變，很難真正有效，因為被時間、過程的想法綁住了！」

游發憲也跟著說：

「改變要當下自然產生，就好像戒菸一樣，不自然戒菸的人，經過千辛萬苦，卻不一定能戒掉！」

時簡署長繼續說：

「同學們的理解、反應真不錯！現在，大家已瞭解：改變時機只在當下的秘密了吧？只有當下脫離時間、過程才是良機，離開當下進入時間、過程以後，長路漫漫，機會沒有了！」

時簡署長說完，響起哄堂的感謝和贊同的掌聲！

掌聲過後，時簡署長就說：「接下來，就時間、過程的『已往、目前、將來』依次序作討論吧！」

已往

游發憲同學發言說：

「個人發現書的記載都是已知、已往知道的故事，包括咱們每天講話的內容，也都是記憶而已，沒有半點是新的！所以，講故事瞭解故事，只可以從已知裡面，找到舊的答案，作為參考而已！」

時簡署長說：

「對！如果把心放在已往，讓已往的經驗、回憶、記憶佔據思緒，就會看不到當下的真實情況。」

郝多聞同學先介紹自己，然後問：「這不是否定掉經驗的價值了嗎？」

時簡署長答：「事的經驗，雖然帶來工作的方便和快速，還是免不了重複再三的呆板。所以，不管多有經驗，做得多快，時間增加，能量消耗就增加。心的經驗更糟糕，再三重複等於再三煎熬！」

郝多聞再問：「那麼心的經驗，都是毫無價值可言嘍！」

時簡署長答：「前面不是討論清楚了『改變時機只在當下』嗎？心當下的清楚、改變不用經驗，與經驗無關。」

郝多聞又問：「經驗沒有價值，那麼回憶呢？」

郝奇新同學跟著說：「對呀！很多人都期望老年過甜蜜的回憶生活呢，署長不會也把它否定掉吧？」

時簡署長回答：

「回憶是從無以描述的上古時代來的暗流！它有時候，好像浙江潮水，洶湧澎湃的衝過來，令人來不及躲避；有時候，縹縹緲緲的就在那裡，好像山頂上的積雲，讓人看不見陽光！回憶是思想讓它留下，所以，它總是不期的出現，無法避免！」時簡署長繼續說：

「世界上的人口，是以億數的；億數的人就有億數的記憶故事。而人類對回憶故事都很感興趣，尤其是小孩子。事實上人類的學習，一者從生活環境，再者從故事。所以人類歷史的回憶，可以增廣見聞，提供觀模、借鏡，作學習選擇。」

這時候，小記者加入討論說：「說到回憶，小記者願意提供個人的一小部分回憶，讓大家增廣見聞。」以下就是小記者的片段回憶記錄：

「混沌初開，乾坤始奠」是《幼學瓊林》的開頭。小記者的人生記憶起點，也類似在一片霧的迷惘中，忽然的就有了記憶。

當晨霧逐漸散去的鄉村上午，本來是不知不覺，完全沒有記憶的，忽然間被排行第三的叔叔惡作劇，用力搖晃番石榴樹，讓小不點大的小記者，害怕跌下來而：

「啊！……啊！……」大叫，也才知道自己身在老家甽穀埕旁邊的番石榴樹上。

這就是小記者人生的第一個記憶。它是由恐懼所引起的、出現的。

有了記憶才知道，這番石榴是紅心的，當時鄉下所有的番石榴都是紅心的。現今，紅心番石榴，已經在老家消失了。耶誕二〇〇一年，小記者在苗栗通宵參加中二高的建築，在該處的山野，有發現紅心番石榴的蹤跡。

小記者在耶誕一九六八年秋冬，發現世間事是「不定論」的。又在耶誕一九七六年秋冬，發現對很多事作記憶是沒有用又沒有必要的，覺得記憶是心的包袱。所以從那時候起，對自己大部分的事都不做記憶，因此減少了非常多的回憶。在這以前的記憶就清晰許多。

就拿上小學以前，祖父教的《三字經》前一段，至今背記如初。同時記得叔叔上學所唸的：「好男要當兵，好鐵要打釘，……」，「做豆腐，真辛苦，半夜起來磨豆腐，……」。只是簡單的幾句話，就不難瞭解當時的生活環境（耶誕一九五零年代）。此時正是第二次世界大戰結束不久，民生物資嚴重缺乏，百廢待舉年代。從小就教育人應該當兵，崇尚武力，很明顯的是人類的悲哀。後來小記者常思考的問題是：

「人類永遠在有形的刀槍和無形的心機上互相傷害，為什麼？」

◆　◆　◆

小記者講完記錄，接著說：

「小記者的片段回憶，有沒有給大家增加一點時代的見聞呢？」

賈聰明馬上回答：

「至少，個人知道小記者的第一個記憶是從恐懼產生的；紅心番石榴在苗栗通宵當地還可以找到；小記者有「不定論」和不做記憶的實行；第二次世界大戰後的課本內容教什麼？」

趙珍湘同學也說：「小記者提出來的問題：『人類永遠在有形的刀槍和無形的心機上互相傷害，為什麼？』令人印象深刻！」

郝奇新同學問：「是呀！這是為什麼呢？」

人類行為學者辛冠茶教授說：

「雖然問題和答案是離題的，還是簡單回答郝同學：

『這是因為人類不曉得用心眼當下徹底觀察自己行為的關係！』」

游發憲有發現的說：

「有一首歌也是這樣，歌詞中的第一段的問題，答案就在第二段，但是，大家似乎並未發現。歌是這樣唱的：『不知道為了什麼，我會這般悲傷？有一個舊日的故事，在心中念念不忘。』」游同學繼續說：

「個人以前笑過：『自己與身邊人的談話，或別人之間的聊天，全部都是保護自己』，現在同樣發現：『一般人的談話內容，千篇一律都是已經知道的回憶，沒有半點是新的東西！」

辛冠茶教授說：

「這正表示人類對自己的行為，瞭解有限；也就是瞭解不夠深入！」

郝多聞追問原因？

辛冠茶教授說：「除了不會心眼當下觀察之外，又有記憶產生的習慣——俗稱業障的障礙。」

辛冠茶教授繼續說：

「習慣的源頭就是記憶。人的心如果老在記憶和習慣裡面，就是活在已往的迷宮、掉在思想的陷阱了！」

郝多聞問：

「如此說來，咱們只有活在當下，才能避免時間、過程的迷宮和陷阱嘍？」

辛冠茶教授答：「只有這樣，才是活在真實情況不是嗎？」

文倜多又有問題：「今天和當下有什麼不同？」

辛冠茶教授答：

「這個問題，宗教哲學余敦務教授是這方面的專家，應該請余教授解釋！」

目前

宗教哲學佘敦務教授接受辛教授的說法，回答說：

「其實今天還在時間、過程的範圍裡面，當下卻在外面。」

文倜多繼續問：「所謂的範圍內、範圍外真正的分野在那裡？」

佘敦務教授回答：

「今天就是目前的一天二十四小時之內。而當下，就是在咱們討論『當下選擇』時，就討論清楚的『當前的一剎那』」

辛冠茶教授說：

「如果閣下把心放在操心、操煩，忙得不可開交，就是活在時間、過程，自然是看不到當下的真實情況了！」

佘敦務教授繼續解釋：

「目前就是把心放在思想的時間、過程之內，時間、過程是很輕易就被忽視、浪費掉的存在，也就是心無法改變的原因。當下的一剎那，不在思想的框框內，所以才能不受思想的拘束。」

「心」國的黃昏又到了，師享部長請大家鼓掌鼓勵發表意見的人，然後宣布結束研討，晚餐，休息。

◆　◆　◆

參加「心」國心靈研討會的第四天。

◆　◆　◆

又是新的一天，嶄新研討即將開始，師享部長向大家道早安，然後請時簡署長繼續主持時間、過程的研討。時簡署長就請大家從「將來」的主題開始探討。

將來

游發憲同學首先發言：「將來就是思想的拖延戰術，把事情拖延到明天、留給明天，明天的明天，很多很多的明天！」說著，說著，笑了起來！然後繼續說：「思想今天不想做、今天做不到的，都藉口留給明天、將來！」

宗教哲學學者余敦務教授說：「開悟也一樣，總是預期在明天！」

小記者接著說：

「是啊！這是思想最好玩的地方。在個人當兵的單位，多少次聽到連長和班長的對話：

「『徐班長，什麼時候戒酒啊？』班長總是回答：

『報告連長，明天，明天戒酒。』大家都知道，班長的明天，永遠都是明天！是永遠不能變成今天的明天。」

游發憲繼續說：

「思想的預期心理的確好玩，總是憧憬著美夢成真，對於美夢沒有成真，卻能一笑置之。」

賈聰明有同感的說：

「或許它會說：『有希望就一定有失望』來表示看得開呢？」

古意人同學也加入說：

「是呀！常聽人說：『人因夢想而偉大』—『一個人如果沒有夢想，不是好像一個已經死亡的人嗎？』這兩者之間，是不是有異曲同工之處？」

游發憲繼續說：

「這說話的人，把夢想當作人生目標、活下去的理由了？」

人類行為學者辛冠茶教授說：

「事實上，計劃明天、明天的計劃，就是希望和夢想。如果是作息配置，正常實用。如果要一定做到，就是思想給心靈和身體沈重的負擔了。」

余敦務教授也說：

「宗教也一樣，都給相信者一個美好的將來，明天會更好啦，多做義工、多做善事，好為來世積福德啦。其實這些都是讓人更加執著而已。真正想解除脫離執著，必須瞭解已往、目前、將來的不實和當下的真實。心清清楚楚、明明白白就在當今這一世，就解除脫離，絕不期待到來世。」余敦務教授繼續說：

「同時要清楚明白，前述所說的功德，事實沒有半點功德，只是碰到就做，不是為功德而做。為功德而做的人，就必須再投胎出世，來領受這些積留的功德。這樣的話，就距離解脫太遙遠了不是嗎？」

賈聰明就問了：

「如果有人抱著『有志者事竟成』的志氣，去求解脫，這種志氣怎麼樣？」

余敦務教授回答：

「事竟成並非光靠志氣完成的，而是順應當下嶄新不可思議的自然力量所成就的。在現實生活中，咱們看到很多非常有志氣，又非常努力做事的人，還是失敗的事實，閣下會不會質疑所謂的志氣呢？」

賈聰明懷疑的問：「教授是說，做事不必靠志氣，只要順應當下嶄新不可思議的自然力量就成？」

余敦務教授回答：

「沒有心的認識和建設的人，對於明天，有如面對大海的一片茫茫！心有認識、有建設的人，心眼當下，沒有時間、過程，心清明自在！」

時簡署長鼓掌贊同教授、同學的精采討論，大家跟著熱烈拍手。

之後，時簡署長就請署下因果、輪迴局殷郭倫蕙局長，為大家主持「因果、輪迴」的探討。特高個子的殷郭局長行禮問候以後說：「請大家多多發言！」

認識因果、輪迴

賈聰明同學面對殷郭局長，昂首問：「因果是什麼東西？」

殷郭局長回答：

「個人認為是頭腦對日常生活的遭遇和心念加定義、下結論的好壞、善惡批判，透過時間、過程所生長的果實。」

社會心理學者李德清教授接著說：

「因果是從歷代傳統社會的教育留傳下來的觀念。就是大家都知道的：過去做了好事，將來會得到好報，過去做了壞事，將來會得到惡報。」

宗教哲學學者余敦務教授卻拋出了一個問題：

「人類因為有思想和時間、過程繼續不斷的運轉，才有因果、輪迴，一再出生的事實，所以，讓思想和時間、過程不繼續，或不產生作用，那將會是怎麼樣的一種情況呢？這是不是一個值得深思，或者說是禪的問題呢？」

殷郭局長就說了：「余教授提出的問題，顯然不在思想和時間、過程的範圍之內，是禪的部分。咱們暫且擱置它，先來好好看看思想和時間、過程裡面的『因果、輪迴』」

於是，人類行為學者辛冠茶教授說：

「就由個人對故事的觀察來開始吧！個人在讀《浮生六記》時，發現到有關因果的一些蛛絲馬跡，把它說出來，請大家聽聽。」以下就是辛教授說的內容：

浮生六記的蛛絲馬跡

《浮生六記》，是清朝時代沈復先生的自傳。看了以後，真的讓人感到浮生如夢。人類生活在無常的物質環境裡面，不知有多少人，正跟沈先生一樣，無從選擇的接受著天災人禍、妻離子散、孤苦伶仃……。這樣的遭遇讓看到、聽到的人，很難不生感傷！咱們在古人所留下「萬般都是命，半點不由人」的無奈感歎句子中，正可見一斑！

在《浮生六記》的卷二〈閑情記趣〉裡面，看到了兩處的蛛絲馬跡認為和沈先生的後來遭遇有關。

◆　◆　◆

在卷二〈閑情記趣〉的開頭數去，連標點符號一起數，約第八十字以下原文：

又留蚊于素帳中，徐噴以煙，使其沖煙飛鳴，作青雲白鶴觀，果如鶴唳雲端，怡然為快。

這一段的戲虐蚊子，就是沈先生後來被環境等同對待的蛛絲馬跡。

◆　◆　◆

又在卷二〈閑情記趣〉一文的中段稍後原文：

◆　◆　◆

余閑居，案頭瓶花不絕。芸曰：

「子之插花，能備風晴雨露，可謂精妙入神；而畫中有草蟲一法，盍仿而效之？」

余曰：「蟲躑躅不受制，焉能仿效？」

芸曰：「有一法，恐作俑罪過耳。」

余曰：「試言之。」

芸曰：「蟲死色不變。覓螳螂蟬蝶之屬，以針刺死，用細絲扣蟲項繫花草間，整其足，或抱梗，或踏葉，宛然如生。不亦善乎？」

余喜，如其法行之，見者無不稱絕。求之閨中，今恐未必有此會心者矣。

◆　◆　◆

這一段的讓昆蟲錐心之痛、妻離子散、孤苦伶仃，正是沈先生自己後來的人生寫照。

現人家常說的：『因果現世報』的事實。」

◆ ◆ ◆

辛教授說完，殷郭局長和大家一起拍手勉勵，然後說：「辛教授這麼細心，果然發現人家常說的：『因果現世報』的事實。」

接下來，小記者說也要講自己的親身經歷故事。小記者說：

「是的，辛教授說《浮生六記》，個人也常覺得浮生如夢！如夢的原因在於自己，從來沒有以旁觀者的立場，來看自己的行為，從來不認真的看自己的行為，到底是怎麼一回事？一個人在人生的日常生活中的一舉一動，其實有許多的蛛絲馬跡可以看到將來。書上說：『思想的世界，過去就是現在，現在就是將來』。古書《昔時賢文》也說：『觀今宜鑑古，無古不成今』。所以，個人就親身經歷的幾個實際故事，來說明世事明如鏡，不講人不知。」

故事一、任性的小華

在耶誕一九五零到六零年代，台灣還是農業社會，鄉下的農家沒有自來水、沒有電也沒有可以工作賺錢的地方，所以生活上的困苦，可想而知。

鄰居有一位曾姓學弟小華，雖然已經小學畢業，卻沒有學乖，常常想做什麼就做什麼，常到鄰人的菜園去偷瓜吃，到鄰人的雞舍去偷雞蛋烤……。

小華的行為被主人發現以後，都是教訓幾句了事，同情年紀小，不忍心報警。可是小華卻不會替別人想，在被罵幾句之後懷恨在心，竟然把瓜田所有的瓜株全部割頭，讓這些瓜全部死掉了。瓜主人被整得非常生氣的咒罵：

「種麻得麻，種豆得豆，天眼恢恢，疏而不漏」，（這是《昔時賢文》裡的句子）「老天有眼，它一定看到是誰做的？今天做了這事的人，難道不怕就像這瓜株一樣嗎？」

另外一家被偷雞蛋的主人，在有一天清早洗米煮飯的時候，覺得水的味道不對勁，越洗越聞到農藥味，才發現儲水槽被人倒入農藥了。後來知道就是前一天，又因蛋不見，罵了這位小華，才遭到小華下毒發洩心中不快。此事一出，震驚整個村子，因為人命關天，令人忍無可忍，只好報警處理，不然的話，那一天一不注意，就可能真的鬧出人命！結果，小華被少年法庭判了多年的徒刑。

服完徒刑回到村子的小華，有一點羞於面對大家的樣子，就外出工作，跟隨大貨車搬貨做捆工。但是沒過多久時間，就因為晚上在貨車斗的貨物上打盹，大概是睡著毫不知覺的被車行巔簸拋落地面，送醫不治而死。

小華的死，就好像那生命正旺盛，卻被割頭而死的瓜株一樣，令人深感惋惜！

故事一說完，馬上鼓勵掌聲四起。接著小記者再說第二個故事。

故事二、爽口食多偏作病，快心事過恐生殃

小記者老家的農田，是丘陵淺山地帶靠天吃飯（靠雨季的水灌溉）的山田；如果天公不作美，氣候乾旱的話，就無法插秧種稻了。所以村子的人，幾乎每戶人家，都開闢有一口儲水塘，利用下雨的時候，引山溪水入塘，儲以備用。

然而很不巧，這不到一甲地的田，卻正好位在鄰居阿義伯很多甲田的中間，所以，在灌溉用水方面，就有引水互相經過對方田地的複雜情況。（引水的水源，正在阿義伯那邊，而且要經過阿義伯的田地，才能引入水塘）

阿義伯的個性向來分別，只看到自己的稻田，不重視鄰居的感受。因此原故，幾乎每次下雨，都產生爭水的糾紛；阿義伯在每一次下雨，總是有種種的理由，優先把自己的田灌滿足夠的水，讓鄰居飽受無水之苦，尤其在旱季，甚至讓鄰居挑水、戽斗戽水入田，非常辛苦，也非常懊惱！

好在之後社會改變了，從農業轉入工業，家人也就有地方賺錢，總算解除了這一段

困苦無奈的歲月。後來，大家都搬家到都市裡，也就不再見到阿義伯，只在老人家的口中聽說，阿義伯在病死以前約有十年時間，患了老人痴呆症，走路困難，手不會拿筷子吃飯。聽到之後，心裡立刻明白，這正是當年阿義伯鄰居們的困苦日子啊！

第二個故事講完，又是滿場掌聲！小記者繼續講第三個故事。

故事三、先天不良於行的原因

人類的思想很厲害，隨時在傷害著人類自己，這是大家有目共睹的，尤其是所謂的誓言。所以每有機會，必互勉以真愛待人，乃至怎樣離開思想、遠離想法的傷害。

涉及因果的故事，雖然是會讓人產生恐懼的教育，但如果不說，大家又無以為殷鑑；鑽木可以生火，如果不鑽，不是連煙都沒有？人學始知道，不知道的後面，說不定產生更大的傷害，所以權衡利弊取其輕，還是要說。（正是《昔時賢文》：「不因漁父引，怎得見波濤？」）

小記者從前喜歡研究風水，有一天受徐姓朋友之邀，替其親戚看房子。當時時序恰好是北台灣二期稻作插秧期間，去的路上看到好多農夫忙著插秧。到了目的地時，正好看到男主人在田裡趕鴨子，因為這小小剛插下的秧苗，是經不起鴨子的玩耍踐踏的；鴨子可能很久沒有玩水的原故，怎麼趕都不從田裡出來，使得這男主人情緒被激怒，連打帶罵，讓這些興高采烈玩水的鴨子們無處躲藏，一陣慘叫，真是十分殘忍！

等進入家中以後，知道這位主人有兩個小兒麻痺不良於行的兒子，還叫其中大兒子倒茶招待來客。看完房子回到朋友家，就問為什麼對鴨子這麼兇？回答的內容，令人感到心痛：

「這個人的脾氣不止這樣而已，經常把隔壁鄰居的雞鴨，打到斷腳或不會走路，或打死，嚴重到鄰人為了這種殘酷行為，跑到土地公面前投訴，請土地公主持公道，讓這些被打死傷的雞鴨，去找兇手……。」

聽了朋友的解釋，當下立刻明白：這兩個小兒麻痺小孩，不良於行的真正原因是什麼？故事講完，掌聲連連，小記者說：「還有第四個故事呢！」

故事四、婆媳春秋

人與人之間的相處關係，非常奧妙，通常在電視新聞、親戚朋友裡面，多有見聞。所看到相處的類型約有三種。

第一是一向合不來。這合不來又有輕、重之分，輕之輕就是常爭吵，只限於此，時合時不合；輕之重的有破口大罵、加上肢體行動，但過了就算；重之重的有全武行，刀槍、棍棒齊出，造成嚴重傷害。

第二是平日和氣來往，後來因事鬧翻了變成彼此不能兩立。

第三是先前多有過節，後來卻因為事過境遷，變成了朋友。

故事是以前農業社會的婆媳，兩人的相處屬於前述第一的輕之輕。打從媳婦娶進門，就經常因為家事和食物分配不平均而爭執；（當時環境物資缺乏，僧多粥少是生活常態）就是媳婦總覺得婆婆有私心而常起嫉妒之火，婆婆也一再感到媳婦不夠理想，這裡不對、那裡不好；這樣的情況斷斷續續，長達四十幾年之久。

在婆婆年老生病時，還是這位被嫌多多的媳婦來照顧。因為二兒子入贅外姓，三兒子晚婚又離異。媳婦照顧行動不便的婆婆，仍然難免舊事重提，一句來一句往的爭執。婆婆因年老體內鈣質流失，又沒有補充鈣質的知識，就患了駝背，背部的彎曲就增加了洗澡和換衣服的困難度，使媳婦有抱怨婆婆駝背的語言。

是不是因為這些語言關係，在婆婆過世不到幾年時間，媳婦就跟著也駝背了？

◆　◆　◆

小記者的故事講完時，大家還是鼓掌！殷郭局長就說了：

「想不到小記者在人生經歷上的觀察，還蠻深入而特別的！每一個故事，都讓人對現世因果，有深刻的認識。」

游發憲此時又有發現的說：

「這種可以親眼目睹，類似小記者說的事實，還在社會高層人物之中，也活生生的在上演呢！當年，批評、反對別人最多、最厲害的人，很快的這些批評和反對的情況，全部都回到了批評、反對者自己的身上。只不知道各位有沒有發覺？」

鍾富和同學回答：「經游同學這麼一說，倒是真的，半點也不虛假！」

殷郭局長說：

「這種現象就是思想行為的快速反射，只要是在思想的範圍之內，任誰都無法躲開。所以，在思想的進行式當中，本署長願意慎重的提醒每一個人，在當前和身邊人的關係上，應該隨時警惕自己，更加謹言慎行才是！」

殷郭局長說完，大家報以熱烈掌聲，有贊同的、感謝的！

之後，賈聰明忽然說：「這麼一來，瞭解因果倒真的蠻令人感到害怕的。」

小記者馬上接著說：「這也是事實！小記者有一次在素食喜宴上，問一位鄰座什麼原因開始吃素的？回答竟然是：

『害怕吃肉的因，將來會有出世畜生和被殺被吃的果，所以才吃素。』其實素食最主要重點，並不在怕因果報應，而是瞭解對一切生命真正的平等、真愛以後，去實踐的最快速行動。人人不殺任何動物、不吃任何動物的肉，知道的人又都去做，世界就可以不再出現暴力和戰爭不是嗎？所以，實行真愛的吃素，顯然比害怕因果吃素，更實在、更有意義。」

此時，賈聰明又說了：「聽了小記者的一席話，倒讓人感到放心多了！」

宗教哲學學者余敦務教授說：

「人只要對日常生活的遭遇和心念，在心眼當下看得非常清楚又沒任何定論、批判，讓心當下不動思想和時間、過程，因果就無法形成了！心當下清楚明白：沒有第一人稱，沒有第一人稱的思想和時間、過程去起因生果，因果那裡來？」

殷郭局長立刻熱烈鼓掌，贊同余教授，大家也同時報以熱烈掌聲！

殷郭局長接著請大家轉入「輪迴」主題發言。

小記者首先說：「個人有一年看春節電視特別節目，內容讓人非常感動！忽然覺得這就是人類不斷輪迴的軌跡之一，是不是呢？請大家指正。」說完，繼續唸出當時所留下的記錄：

輪迴

一九九四年二月十一日，甲戌年大年初二。當日下午一時至二時台視播出：『八千里路雲和月』這是一個以蒙古民族過年為主題的記錄節目。

一望無際的蒙古大草原，蔚藍的晴空飄著棉絮般的白雲，草原上正展開著遊牧民族生活的點點滴滴：牧者騎著飛快的駿馬，追逐著那失散的牛、羊……，蒙古包邊上，進行著特有的族群情調舞蹈，再配合著台北國父紀念館正在同時表演的蒙古文化歌舞，雙重畫面處理，真是美得撼人心弦！在此當下看到了亙古以來，人類不斷重複輪迴的軌跡。

◆　◆　◆

記錄唸完，大家鼓掌鼓勵。

故事老師蔣顧世接下來說了一小段與輪迴有關的小故事。

◆　◆　◆

一個男孩，在某一天早晨美麗的晨曦裡，從高處看到了一位騎單車穿紅衣裳的長髮女孩，從一條長長的巷子中，飛快的衝出來……一時之間，男孩被這好美、好立體的動畫，震撼得涕淚兩下，充滿迷惘……。

這個男孩心裡的問號，直到多年以後，才在修道者的口中得到答案。就是在靈魂深處的塵封記憶，當下被喚醒的原故。

蔣顧世老師說：「從這一小段故事，也同樣看到了人類輪迴的軌跡。」說完，大家也鼓掌鼓勵。

余敦務教授接著說：

「輪迴跟因果一樣，從時間、過程而來，心有了時間、過程，就有因果，因果就是輪迴圈。所以，心的時間、過程不再，才是終止輪迴的特效藥！」

游發憲問：「是不是心認為有一點點功德，就是有第一人稱起了因、動了果，於是就投胎、再輪迴？」

余敦務教授回答說：「沒錯，所以，不要輪迴，必須先徹底放棄歌功頌德！」

余敦務教授說完，師享部長和大家一起熱烈鼓掌，感謝參加發言的人。然後宣布上午第一次休息。

接下來的第二段研討，師享部長請真愛署尤珍艾署長，為大家主持「真愛」主題研討。

渾身充滿喜氣、笑容、親切、關愛氣氛的尤珍艾署長向大家道早安，致歡迎詞，然後說：

「為了實踐真愛在人間，世界上的領袖、智慧先知費盡了不少的心力，但是，大家有目共睹，成效是有限的。所以，今天咱們共聚一堂，就是要來探討這其中的原因在那裡？」大家只聽這幾句話，馬上就感受到尤珍艾署長所散發出來的真實情感！

認識真愛

賈聰明同學一開始就問：「真愛和常說的愛心，或者愛情，不同在那裡？」

尤珍艾署長回答：

「個人覺得真愛就是言行對任何人、事、物，以及這些人、事、物的上、下代，都沒有任何毒害和後遺症；也就是赤子之心、在每一當下都在實踐的真正愛心。至於一般愛心和愛情，就留給大家來發表意見嘍！」

文倜多同學也問：「署長是想拋磚引玉嗎？」

尤珍艾署長回答：

「事實上，拋磚引玉是另有目的，同一體的真愛，是結無限、無量的緣，它毫無目的。」

文倜多接著問：「推己及人應該是真愛吧？」

尤珍艾署長回答：「對，真愛不是好為人師，它是沒有屬於又沒有條件的大家一起共享。」

游發憲說：「個人發現：欺凌、欺騙的行為，就是不懂同一體真愛，一旦實踐真愛，就能終止欺凌、欺騙的行為。」

尤珍艾署長回答：

「對，真愛不是語言和文字的表面東西，而是真正關愛的實在內裡。」

物理科學學者吳李蚵偕教授加入說：

「人類生活在物質世界的環境裡面，有明顯的盛衰作用，當某人處在衰的一邊，就會需要救濟和幫助。有時候，生活環境的盛衰作用太劇烈、影響太快了，導致救濟和幫助的人，來不及反應，應該就是真愛很難在人類世界普遍的原因之一？」

尤珍艾署長回答：

「那是當然，不過，咱們討論過的定論、分別、比較、執著、慾望、傳統、時間，都是影響的因素。」

游發憲接著說：

「署長前面說過：同一體的真愛當中所有的物資，都是沒有主屬、大家共享的。現在因為署長剛剛說的：思想的定論、分別……等等等，被變成了有所屬。」

鍾富和附和說：

「是呀！救濟和幫助本來是沒有給予的人和接受的人。因為真愛是只有一體，沒有施給的和接受的兩體。但是，分別、比較卻把它變成第一人稱的布施，還說布施的功德無量呢！」

尤珍艾署長回答：

「是的，幫助就是剛好遇上就做，根本不知道，也沒有想到施捨的字眼，何況是功德呢？」

余維士同學問：「勇敢的美國人，以武力對抗恐怖暴力，也是真愛嗎？」

尤珍艾署長回答：

「以武力對抗恐怖暴力是可以得到暫時平靜沒錯，如果可以讓人類完全沒有武力和暴力出現，不更是全人類之福嗎？」

文倜多問：

「不過，世界好像仍然掌握在擁有強大武器國家的手上，強大國家自認高高在上，認為自己是世界的管理者、世界警察，出面干涉別人成為理所當然，因為要大家更好，或者說是愛地球、愛世界，才這樣做的！」

游發憲接著說：「這就是有彼有此的多體之愛了；也就是你們做不好，我們當然要出來幫忙管一管。」

尤珍艾署長回答：

「游同學的話，表面上沒錯，但，真愛是一體，沒有多體。真愛沒有階級，真愛知道：切開就不圓了、不是圓了，不是圓，一滾動就受傷了，有人受傷，怎麼還能說是真愛呢？」尤署長繼續解釋：

「理由很簡單，一體就是對象沒有了，沒有仇恨的對象，殺害的事情還可能發生嗎？」

賈聰明馬上接話說：

「大家在當下都看非常清楚，有沒有毒蛇？有的話，當然可能被咬傷，沒有毒蛇，自然是平安無事嘍！」

尤珍艾署長一面拍手，一面回答說：「賈同學的比喻太妙了！」大家也跟著鼓掌！掌聲停後，尤珍艾署長說：

「雖然有很多人抱怨美國總統，為了和平竟發動戰爭。但是，電視新聞報導中的這一則，確實是真愛的表現。」以下是報導內容：

◆ ◆ ◆

耶誕二零零四年十一月十八日，中視午間新聞，在十二點四十二分所報佳音：美國總統布希當眾宣佈：赦免了兩隻將在今年感恩節，被殺來過節吃的白色火雞，牠們將被送往動物園，終此一生。

◆ ◆ ◆

尤署長講完報導又再次讚美說：「人類真正的愛，終於部分露出了曙光！」小記者在此時加入說：「小記者個人認為美國總統應該找出更真實的真愛，至於什麼是更真實的真愛，請聽小記者的說明。」以下是說明內容：

為什麼壯士一去不復還？

歷史上非常有名的「易水送別」裡面的這一句：

「風蕭蕭兮易水寒，壯士一去兮不復還！」

這「一去兮不復還」就是荊軻刺秦王未果被殺的蛛絲馬跡了。

大陸導演張藝謀所導的名片《英雄》，有類似「易水送別」的內容和氣慨。此片最後點出了人類的死角「定論」。刺秦王是當時很多人的共同心聲，所以變成了大家的「定論」。凡是「定論」都可能失掉真相，所以當刺秦王的主角找到真相：「減少更多無辜受害的人」之後，才接受萬箭穿身，從容就義。以一個人的生命，去交換真正刺秦王成功以後，必然出現的混亂場面、混亂政局中，將要死去的上千上萬的生命。

古人有「一將成名萬骨枯」的名言，《英雄》片中的主角，就是為了拯救萬骨不枯、骨肉不死傷離散（這是何等震撼人的心呀！天下有幾個人能做到這等「英雄」氣慨？），才選擇犧牲自己，成就眾人的大仁、大義，也就是真愛！

如果主角選擇了殺掉秦王（以片中的情況，秦王是必死的），當然仍然是一位豪傑，但是，那秦王死後的其它死傷，就不能避免了。而這樣的豪傑作為，對那些無辜的死傷離散者而言，還有什麼意義呢？

◆ ◆ ◆

小記者的話說完，會場立刻報以如雷掌聲！久久才歇。是感動的掌聲吧？的確有不少人聽這一段故事感動落淚的。

尤珍艾署長馬上接著說：

「小記者所講的，真是一針見血呀！可以說是真愛的極致了！」

接著，蔣顧世老師講了一個《泰西五十軼事》裡面非常感人的真愛故事：

真愛的故事

戰爭剛打完，戰場上混亂無比，滿地都是死傷的士兵。太陽卻不知道人間的痛苦，仍然猛烈的曝晒著這個悲慘現場！

在眾多又雜亂的死傷者裡面，也包括一位平日深受大家尊敬愛戴的領導，這個時候的領導，並不比其他人好到那裡去，身受重傷，正面臨著死神的威脅、遭遇著難以形容痛苦的煎熬，再加上太陽照射帶來的口渴。有一個傷勢較輕的士兵，發現了領導的困境，基於平日對領導的敬重，雖然滿身創傷，還是拖著沈重的腳，慢慢一顛一跛的去找水給領導。

當士兵找到水，裝滿壺回來，就把領導上半身扶起，然後把水壺靠近領導嘴邊說：「這是在小溪取來乾淨的水，請領導解渴。」

領導眼神充滿感激的看著這個士兵，在要喝水的前一剎那，卻看到了前面一個奄奄一息，隨時有死亡可能的士兵，從臉上所顯露出來的表情語言就是要喝水。

領導用下巴往那個可憐的士兵方向，抬了一下說：「把水給那個人，可以確定，這位同志，才是最急迫需要水的人。」

真是一個心靈高貴的領導，在這種面臨死亡的當下，仍然沒有忘記照顧屬下。當領導的惡耗傳開的時候，沒有一個人不為之流淚的！在舉行安葬的那一天，地方上的每一個人，都為了失去一位好朋友，而感到萬分悲傷！

◆　◆　◆

蔣老師講完故事，得到滿場熱烈掌聲，同時，讓很多心靈感情豐富的同學們，當場感動落淚！

此時，鄭聰尹接著說：「實行真愛的人，在個人的筆記裡有兩人，一個是德國的史懷哲醫生，另一個是清朝的武訓先生。這兩人一生的所做所為，無一不是真愛的行為。現在，個人就把自己的記錄朗誦一遍，請大家聽聽！」

真愛的醫生

二十世紀史懷哲，德國善良的醫生；放棄高薪和享受，來到非洲蠻荒村。
叢林當中建醫院，鼓勵教導土著們，改善生活勤耕種，無怨無悔獻終身。
勉勵互相多合作，消靡彼此的殘忍，愛護動物不虐待，尊重生命有分寸。
受惠土著深感受，尊稱如父好名聲；真愛遺留在非洲，正是悲天與憫人。

真愛的乞丐

清朝山東一乞丐，父死母病的小孩；乞食養母人稱孝，不能讀書常感慨！立志存錢辦學校，一點一滴留下來；推己及人孤苦者，將心比心愛花開！無妻無子無牽累，有志竟成無阻礙；不辭遙遠聘老師，有如千里拜如來！看到學生不用功，下跪苦苦勸哀哀；逢遇老師不盡力，叩首頻頻淚滿腮！師師生生都感動，個個人人變勤快；山東彼時多人才，都是武訓的真愛！

◆　◆　◆

當鄭聰尹同學朗誦完畢，大家還是給予熱烈掌聲，贊同所稱頌的兩個人，的確是真愛的表率！

之後，尤珍艾署長鼓勵大家發言，曾紫尤同學介紹自己後，就發言說：「個人覺得真愛必須包含自由，人如果沒有自由，那裡還談得上什麼愛？」

自由

尤珍艾署長接著就回答：「曾同學說得對，自由就是真愛的基本條件。」

賈聰明請求說：「那麼，請尤署長，就自由的最基本條件作說明，好讓咱們更加認識它好嗎？。」

尤珍艾署長解釋說：

「歷史上有名的李冰治水，用的方法很簡單，就是開更寬的路給水走，讓水有自由。水可以自由的在溝、溪、河裡面走，大家就可以太平無事。相反，水的路太窄或沒有路可以走的時候，它就氾濫成災，嚴重損害人類生命財產了！人的生活也一樣，必須要有一定的活動空間，所以，尊重任何一個人的生活活動空間，就是表現真愛、真正的自由。

賈聰明感謝說：

「這麼簡單的就在李冰治水故事當中，瞭解什麼是自由，以及自由對人類的重要性。感謝署長！」

尤珍艾署長接著回答：「那裡，那裡，請不要客氣！有一句自由的名言說：『金錢誠可貴，愛情價更高，若為自由故，兩者皆可拋！』更讓人看到自由的重要性！」

依賴署易來仁署長忽然加入說：

「在依賴和權勢之中，馬上會有不自由、不平等的感受，所以，有過不自由、不平等壓迫、洗禮的人，一定是爭取自由的前鋒了！」

尤珍艾署長接著回答：「那是必然了！」

竇淮儀懷疑的說：

「個人懷疑一般人講的自由，尤其是權勢者口中的自由，並不是真的自由？」

尤珍艾署長接著回答：

「沒錯！的確有人口是心非。所以，用心眼當下檢視、看清它也很重要。真正的自由，是普天之下的任何一個人，都完全有自由的事實，也就是讓普天之下的任何一個人，都跟自己完全一樣的自由。」

游發憲就說了：「個人發現，天上的行雲，地上的氣流都是自由的象徵。至於泉水的滲透力，也蠻有邁向自由的勇氣！」

尤珍艾署長接著回答：「游同學的觀察和比喻，真是特別！」

接著，游品登同學介紹自己後，發言說：

「俺也覺得真愛的基本條件還有平等，在不平等的狀態裡面說真愛，就真的是口是心非了！」

平等

賈聰明很快的問：「平等也是愛嗎？」

尤珍艾署長回答：「那是當然！」

文倜多同學也問：「那麼，平等就是大家受到完全一樣的愛護嘍？」

尤珍艾署長接著回答：「對，跟大家都真實得到自由一樣。」

小記者就問：

「這大家完全一樣，也包括每一個人的原本靈性、原本力量的完全一樣嗎？」

宗教哲學學者余敦務教授回答：

「事實上，每一個人的原本靈性、原本力量是完全一樣的。」

小記者繼續說：「事實既然是這樣，人類該做的，不是去求與去拜，而是覺悟不是嗎？為什麼還在不斷的求、不斷的拜呢？」

余敦務教授回答：「這就是還沒有瞭解原本靈性、力量完全一樣的真相！」

賈聰明又問「平等是愛任何人跟愛自己一樣嗎？」

尤珍艾署長繼續回答：「完全正確。」

游發憲發現說：「必須是完全沒有權勢，完全沒有依賴才可能！」

尤珍艾署長回答：「答案還是一體對待，沒有另外一體，完全沒有對立的狀態！」

游發憲再發現說：「個人發現俯仰無愧就是平等，不知道什麼叫俯仰無愧，就很可能犯了暴力尚不自知？」

尤珍艾署長繼續解釋：「俯仰無愧的確是平等，不平等其實是一種暴力，不是看到武力欺人或傷人的時候才知道，這未免太慢了不是嗎？」

上午第二次休息的鐘聲響了，師享部長請大家休息。

休息過後，第三段研討開始，吳大任同學先介紹自己，然後提問說：

「個人特別覺得真愛裡面包括的自由、平等，其實就是真正的仁！」

仁和美

尤珍艾署長贊同的回答：

「人與人之間的真愛、自由、平等也是仁，名稱有異，內裡相同。」

游發憲又發現說：

「詳細研究仁字，正是一人一人的兩人同在一個字體裡，與尤署長說的『同一體』

相符，所以，是不分為二、不分別的心，就是仁嘍！」

尤珍艾署長回答：「游同學好厲害的觀察！」

文偶多接著問：「那麼，請問游同學，有沒有觀察到真正仁的行動呢？」

賈聰明馬上答：「應該是不禁制別人，也不禁制自己吧？」

游發憲回答說：

「沒錯！要別人這樣、那樣，不可以這樣、那樣，是不是干涉別人自由了？」

杜官扎同學先介紹自己，然後加入說：

「對，在自己每天去和來往的人接觸應對的時候，觀察自己有沒有讓人家完全做自己？有沒有給人家自由發揮的空間？」

游發憲繼續說：

「是呀！看看自己是不是常常在人家做事的時候，忽然的插上一手、冷不防的加了一腳？——」

『不對，這樣做才比較好，……』，『哎……呀！這樣做才對啦！』」

賈聰明忽然大聲的說：「這是不是把人家當成另外一個自己了？」

尤珍艾署長也反答為問：

「那麼，讓人家做人家自己，對人家的自由意志行動，不加任何阻攔和打擊，就是仁的十足表現嘍？」

杜官扎又說了：「個人又觀察到：要自己這樣、那樣，不可以這樣、那樣，也是對自己的禁制。所以，當閣下觀察到對別人禁制的當下，有沒有同時發現對自己種種不當制約呢？」

尤珍艾署長接著說：

「杜同學的觀察非常特殊，重點在『不當制約』四字。所以，一切的行動當下，沒有可以、不可以的標準，只有同一體的真愛。也就是做的時候，不發生人、事、物受傷害的情況，才是真正的仁，大家說對不對？」當下就是哄堂的贊同的掌聲！

接著，賈聰明好像一下子就覺悟的說：

「尤署長的意思是不是：完全沒有看到仁或不仁，好像當下魔法出現，把兩個人一剎那變成了一個人！」此話一出，大家都投以驚訝的眼光，同時熱烈鼓掌！

余維士同學也馬上接著說：

「這麼說來，孝順也是仁嘍?完全沒有看到孝或不孝，好像春天的風那樣，輕鬆的吹著父母、認真的吹著子女！」話一說完，又是一陣掌聲！

尤珍艾署長馬上讚美說：「當下看來，同學們果然在研討中豐收了！」說完，大家還是拍手鼓勵。

這時候，趙達安同學再發問：「個人認為美也是真愛的一部分，所以，提出來探討？」

尤珍艾署長回答：

「事實上，美和真愛是一體的，說是雙胞胎也可以。實行愛與美的當下，應具備不傷害任何人、事、物的心和事實。」

尤珍艾署長接著說：「大家不妨討論一下：什麼事會給生活帶來美？」

賈聰明說：

「個人會用紙與筆，畫一張美麗的畫，把美帶進生活，把美留下來。」

戴崇富說：

「個人會用照相機，把天然美景、生活美事，融入鏡頭，保留下來。」

卓佳士說：「個人會粉刷房子，把住家整理得漂漂亮亮、乾乾淨淨！」

柯以祚說：「個人會建一座花園，把花園的花草照顧得生意盎然，百花齊放！」

吳野同學說：「個人會聽歌、聽音樂，或去跳舞，讓自己不但心花朵朵開，還加上身花朵朵開！」

吳職卓說：「俺會去做義工、去老人院、孤兒院，去幫忙別人，讓大家一起快樂起來！」

游發憲說：「個人會用心眼，在每一當下看清思想的定論、偏見的傷害，看自由、平等一體的真愛，看最真實、最自然，毫無粉飾的大自然之美、人性真美、美德！」

尤珍艾署長一面鼓掌，一面說：「看來大家對愛與美已融而為一了，這正是真美的重點所在，也就是：『沒有真愛，再美的人、事、物都是虛有其表而已！』說完，大家跟著熱烈鼓掌。掌聲停的時候，師亨部長宣布結束「真愛」討論。

接著，師亨部長說：

「讓咱們繼續研討下一主題『自然』。請自然署郝志冉署長為各位主持研討。」

鬍子郝志冉署長站起來鞠躬之後，用小男孩的童聲說：

「要瞭解自然，其實最簡單不過，但是，因為陌生，就會像瞭解其它的任何事一樣，要經歷一段生疏期。不過，也不是思想想像的那麼困難啦！所以，大家對自然瞭解多少就講多少，很『原本』就對了。現在，誰來打先鋒呢？」

認識自然

余維士同學首先說：

「四季的變換，就是自然。所以，個人以為：人類的思想或體力無法支配它的本來事實，就名為自然吧？」

杜官扎同學反應說：

「那麼人類的生、死也是自然的嘍？因為肉體也好像四季一樣，自然的來了，自然的走了，到了該生的時候，不能不讓出生，死也一樣，再好的醫藥，也無法留住生命不是嗎？」

郝志冉署長回答：

「杜同學說的，顯然是事實。所以，人們可不可以因瞭解自然的來去，而願意不動用太多思想的喜悅和悲傷呢？」

歷史故事專業蔣顧世老師接著說：

「郝署長說的是，古人朱熹就說同樣的話：

『…未事不可先迎…，既事不可留住，應以自然，聽其自來，信其自去，…』（事情還沒有發生的，不可以為它就要發生了！事情過去以後，就不要把心還留在已往；也就是讓事情很自然的來，很自然的離去）就只有幾句話，咱們馬上了然朱熹和專門重視自然的莊子，完全一樣，沒有不同的地方！」

鄭聰尹同學說：

「聽了大家以上的探討，個人一時興起，在筆記本寫了一段話，現在朗誦出來，請大家聽聽，並給予指教：

『天上白雲輕輕飄，地上流水環環繞，鳥語聲聲林中叫，花兒朵朵路旁笑；青山都已安然入定了，人心為何還在到處跑！』

鄭聰尹朗誦完，郝志冉署長就鼓掌稱許說：

「鄭同學果然瞭解『自然』就是人類思想無法支配的狀態，而且還是可以加以學習的對象。」大家也同時鼓掌鼓勵。

掌聲停後，賈聰明同學就說了：

「剛剛出爐的重點是說：當捨不得的東西失去了，捨不得的人走了，感覺好痛苦、好難過的狀態，因為瞭解，可以迅速得到減輕是嗎？」

郝志冉署長回答：「這還是要看閣下對自然有瞭解多少了？請問為什麼喜歡的東西就一定要得到？喜歡的人就應該在身邊？為什麼不是這些東西、這些人到那裡去都可以，都是恰當的？不覺得這樣很自然嗎？」

賈聰明「喔」了一聲，好像瞭解了，但還是問：

「俺想很多運氣欠佳、處處碰壁的人，應該還是會感嘆造化弄人，造成這麼多的悲歡離合吧？」

郝志冉署長再回答：

「事實並不然，真正弄人的不是造化，而是自己。是自己的想法，硬要把造化（大自然的本來樣子）改變，希望把它改成自己理想的樣子（違反大自然的改造樣子），悲劇才更多的。但是，自然仍然在無常的物質範圍裡面，所以，物質的生滅情形並不能避免。除非心眼看清，當下選擇超出思想！否則感嘆難免。」

游發憲就說了：

「這麼說來，心眼當下詳細看就是自然嘍？因為它並沒有人為想法的存在。」

郝志冉署長繼續回答：

「自然是真實的情況，心眼當下也是。不同的是心眼當下可以當下做選擇。」

賈聰明問：「除了在分別署選擇局學到的以外，郝署長還有什麼建議？」

郝志冉署長繼續回答：「選擇避開自然裡面無常的天災和思想造成的人禍。以天災來說，可以離開地震帶、避開火山、海嘯、土石流的範圍……；人禍來說，可以讓思想休息，免除一切思想帶來的傷害。」

宗教哲學學者余敦務教授說：「個人這裡有一個相關的故事，故事內容會增加瞭解郝署長的話。」：

原來的樣子

這是印度流傳的一個故事。

從印度流傳出來的修行書籍裡面，可以知道印度北方喜馬拉雅山的深山裡面，有很多修行莫測高深的修士。故事就是發生在這其中的一位修士身上。

這一天，修士在樹林裡盤腿坐著，閉目思索一個很難得到正確答案的問題：「怎樣的體積才算大？怎樣的體積才算小？又怎樣的體積，才是不大也不小的剛剛好呢？」

上帝接收到了修士的疑問，就派了一些動物來幫忙修士找答案。

忽然間傳來急促的吱吱叫聲音，把修士的思緒給打斷了，睜開眼睛，看見一隻小老鼠，正向自己身邊跑過來，好像在叫救命！接著，一隻老鷹撲了過來，要抓小老鼠。修士當然是救了小老鼠，把牠帶回家。

修士把自己的食物，分一點給小老鼠吃，心想只要牠在屋裡不到外面，就可以平安無事。結果很不巧，忽然來了一隻貓，當貓看到老鼠，馬上兇了起來想吃掉小老鼠，修士就把貓趕走，保護小老鼠。不過，修士心想老鼠這麼小，隨時都有危險，不如把牠變成貓，如果剛才那隻貓再來，也不會有問題了。於是用指頭向小老鼠一指，便把小老鼠變成了貓。

到了晚上，修士正準備睡覺的時候，從鄰居傳來了汪汪的狗叫聲，貓聽到了竟被嚇得迅速的躲進修士的床底下，不敢出來。修士看了很無奈，想辦法解決貓的害怕問題，想到貓不怕貓，狗當然也不怕狗，於是就把貓變成一隻大狗。

第二天上午，這隻大狗跟著修士到屋外樹林散步，忽然出現了一隻老虎。大狗見到老虎就嚇得六神無主，軟趴在地。修士見此光景，一彈指就把大狗變成一隻更大的老虎。這下子反而嚇跑了原來那隻老虎。

修士原本以為大老虎終於可以擺脫害怕的陰影了，想不到事實卻倒了過來，天天看到大老虎欺負樹林裡其它弱小的動物，而且一點都不聽修士的勸告。這時候，修士卻忽然間明白了上帝的意思，在歎了一口氣之後，伸手向大老虎一指，把牠變回原來的小老鼠。

◆◆◆

故事講完，大家拍手鼓勵。同時，大家都瞭解到：小老鼠就是原本的自然，把小老鼠變成貓、狗、老虎就是不自然，違反了自然。

歷史故事蔣顧世老師接著說：「剛剛郝署長又說到選擇的智慧，個人倒有兩個利用自然力量的歷史故事，提供大家參考。」

利用自然力量故事之一

故事發生在西蜀的孔明和東吳的周瑜，在同一陣線對抗北魏的曹操。

周瑜個性天生善妒，常常嫉妒孔明的聰明巧智，也經常藉故來為難孔明。

這一天，周瑜想出一個為難的點子，就是要讓孔明下不了台，然後殺人。於是想好計謀，要讓孔明步入圈套。到了議事開會的時候，就用計說：

「現在咱們面對曹操的龐大的水軍，要交戰的話，應該用什麼兵器？」孔明答以弓箭，周瑜就說了：

「可是現在咱們的箭不多，就請先生監製十萬枝箭來備用。這是公事，希望不要推卸。」孔明答：

「閣下既然委託，個人當然做，不知這十萬枝箭，什麼時候要用？」周瑜說：

「十天之內，可以做好吧？」孔明瞭解周瑜是在用計為難，思考了一會兒之後，毫不在意的回答：

「十天恐怕太久，容易耽誤大事，三天之內，應該就可以交出十萬枝箭。」

周瑜說：「請閣下不要忘了『軍令如山、軍中無戲言』才好？」，孔明答：

「當然，當然，三天做不好，甘願接受處罰。」周瑜當下心中暗喜，心想這一次一定可以殺掉孔明了。

孔明準備二十艘船，每一艘船的兩邊各豎立草人千餘個，然後用青布遮起來，船裡各配置三十個帶鼓士兵。

一天、兩天、三天，孔明都沒有動作，直到第三天夜裡，江中忽然大霧迷漫，對面不見人。孔明看見自己預測的時機已經來臨，立刻下令把二十艘船用大繩索連接起來之後，開到接近曹操水軍的地方，然後命令船上的士兵擂鼓吶喊。有人就問孔明說：「如果曹操派兵打過來怎麼辦？」孔明微笑說：

「曹操這個人天生多疑心，在霧濃得什麼都看不見的情況下，曹操是絕對不敢出兵的。」

果如所料，曹操害怕中計，不敢出兵，只叫所有的弓箭手，向吶喊的地方射箭。當霧有稍微消散的時候，孔明看看船上的箭不下十萬枝，便下令收船。回來以後，清點箭枝，總數超過十萬枝。孔明把這些箭拿去交差，周瑜不得不感嘆的說：

「先生的神機妙算，實在是無人可及！」

利用自然力量故事之二

殷商朝王位傳到紂王的時候，因為紂王個性非常暴虐，老百姓的生活過得非常不好，為了這個原因，周武王想出兵討伐紂王，以解除百姓的痛苦。

武王的軍師姜太公，卻勸阻武王，建議應該多多收集紂王的實際狀況，然後再以實際情況來做出兵的依據，比較適當，武王聽了，覺得很有道理。

過了一些日子，情報傳說紂王竟然殺了常常進言勸諫的比干叔叔，又把另一個箕子叔叔關了起來，同時，這件事也引起了很多大臣氣憤不平。

武王就問姜太公：

「現在紂王對自己的親戚殺的殺，關的關，又失掉了大臣們的心，應該是出兵的時候了吧？」

姜太公仍然搖頭阻止，並說明原因：「皇宮裡面發生的事故，老百姓卻不一定會知道不是嗎？」

又過了些時日，消息傳來紂王無原無故的就剖開老百姓小腿。只因為紂王看到這個人，在天寒地凍的天氣，還敢打著赤腳在水裡面走過去。

武王又對姜太公說：「現在老百姓全部都知道紂王剖開老百姓小腿的事，應該可以出兵了吧？」姜太公還是以為時機未到。

再過了幾個月，消息傳來紂王禁止百姓在街上說話，就因為紂王害怕大家流傳王室裡面的是是非非；所以現在在京城街上，大家見了面都只能點頭，不敢談話。

姜太公聽到這個消息，認為可以利用的自然力量已經成熟了，才進言武王討伐紂王。

果然，周武王很快的就把紂王推翻了。

◆　◆　◆

蔣老師又接著說：

「紂王的思想，改變了殷商王朝原本的剛紀，以為做皇帝可以為所欲為，最後，把王朝也丟了。所以，紂王本身，就是最好的殷商明鑑（鏡子）！」

蔣老師一口氣講了兩個利用自然力量的故事。大家熱烈鼓掌，感謝蔣老師。

郝志冉署長就接著說：「聽自然的聲音是聰，看自然的顏色是明，像孔明、姜太公不但清楚自然的力量，還能充分利用它，證明兩人才是真正的聰明啦！」大家又是一陣掌聲！

午餐時間到了，師享部長宣布結束討論，請大家休息，吃飯。

自然美景

下午一點，大家進入會場坐定，郝志冉署長就問說：

「自然界的渾然天成、毫無做作美景，算不算是人類的最大財富？天然的精雕細琢、鬼斧神工，是不是大自然給人類最真實、最適當的禮物呢？」

宇宙博士加入說：

「是的，只要出去，整個地球的大自然美景，都在等待光臨、歡迎光臨呢！在那裡，咱們會徹底感受到大自然的毫不吝嗇、毫無條件貢獻：不收一毛錢的慷慨，真的令人好感動！」

郝志冉署長接著說：

「所以，個人要藉此特別建議大家，及早認識大自然的誠心，真正接受這無形的財富和禮物！因為欣賞大自然之美，是人類真美的一部分，只要思想、時間、幻相不介入，是既自然又無害的。」大家聽了，無不熱烈鼓掌表示贊同！

接著，小記者說：「小記者這裡，也有平日對大自然的觀察，所留下來的記錄，願意唸出來，給大家分享。」以下就是小記者唸的內容：

◆ ◆ ◆

走到郊外鄉間，隨處可見不知名的小花，五顏六色、大大小小，令人驚嘆自然之美！從認識自然之美，可以用類似方式去認識人生之美。野花可以以無限姿態呈現，人類同樣可以，是不是？

在這快要過春節的深冬，好久沒有下雨，大馬路旁邊坡上的植物都顯得十分乾枯，看起來奄奄一息的樣子。在這樣的地方，卻很自然的點綴著為數不少的牽牛花朵。

平時看到的牽牛花，都是有頑皮的藤蔓綠葉，纏著樹枝、竹葉、草莖不放，爬到它們的頭上去玩，有的樹枝、竹子被纏荷得垂頭喪氣，但牽牛花卻在上面盛開，隨風搖曳，好一幅漂亮景緻！

然而生長在這裡的，被氣候虐待得藤蔓、葉子都看不到，竟然花照開，而且開得如此具生命力，讓人看了，不得不驚嘆這自然不可思議的神奇！

小記者唸完記錄，大家也拍手鼓勵，也才瞭解牽牛花的生命力和它的美。

◆ ◆ ◆

大自然的神秘力量

接著，郝志冉署長起了另一話題「大自然的神秘力量」，然後說：

「人的心如果不會雜亂的話，是可以和大自然的神秘力量相通的。大自然不可思議的安排事實非常多，就看當下能不能體會了。」郝志冉署長接著說：

「大自然之美和生命之樂是真實的，但並不是每一個人都能欣賞和感受。能不能真正看到大自然不可思議之美？有沒有徹底發現既無限又不可說之樂？真正的關鍵，全在當下心眼的專注。在寧靜專注之當下，詳聽、細看大自然的一切，不動用想法，就只單純的傾聽和細看，一剎那就了然大自然的神秘力。」

郝志冉署長再繼續說：「個人在某某書上，看了一小段的話，就感動不已！下面就是這一段」：

小草花開了！

在花園圍牆角落陰暗的牆腳下，一種不知名的小草花開了，小小的翠綠捧著令人驚奇的靛紫！

◆ ◆ ◆

郝志冉署長解釋說：

「這就是大自然奧妙的一個明證——只要開花的季節到了，不管在什麼樣的情況之下，花照開！這正好和小記者剛剛唸的記錄，有類似之處。」

蔣顧世老師說：

「鑽研古書的人，都稱莊子是自然大師。莊子說的話、做的事就好像季節的變換，草木的開花結果那樣自然。」

宗教哲學學者余敦務教授接著說：

「事實上，活在當下就是自然，沒有刻意追求、沒有聰明逃避，自自然然的活著。」

接下來，郝志冉署長問誰有有關的故事，分享給大家？

小記者一口氣說了四則：

走錯路的秘密

有一天早上，工頭載大家上工，不小心在岔路口開過頭，錯過應該走的甲路而走上了乙路。

小記者心裡正在納悶之時，已到了甲、乙路的交會路口，卻赫然發現在交會路口附近的甲路路邊的橋柱鋼筋，被昨天晚上的大風吹倒下來，正好橫在甲路上，導致甲路不能通行了。

看到此事，小記者心底當下驚奇而領會大自然神奇、超越的安排，竟然到如此奧妙的地步！

車禍前幾秒

某年秋天，在某高爾夫球場參加建場。為了縮短路程節省能源，每天去、回都是走鄉村小路。

那一天，車子正開在菅芒花佈滿路旁的彎路，視線非常差，小記者正在警告自己要小心，說時遲真實快！一輛小貨車猛然出現極快的撞過來，小記者嚇得大叫：「糟糕！怎麼辦？」立即把方向盤往右邊草叢打過去閃讓，等方向盤回左，車子與路平行時，嘎聲刺耳的緊急煞住車。對面車在兩車左側距差極少的情況下，閃電飛馳而去。

很難不被嚇到，從發現對方車到靠邊停住，只不過瞬間，一場大車禍就這樣免除了。

在小貨車消逝的一剎那，當下就發現了這不可思議、無法敘述的神秘力量！

忘了帶手機

耶誕二零零四年五月二十日上午十點半，小記者與人約好在桃園、中壢某路某號見面。

到了目的地的某路某號，問的結果，竟然說沒有這個人，打開手機袋用手機聯絡找人吧，卻又發現急著出門，把手機忘在家裡了。如此一來，連對方也無法用電話連絡自己了，正在急著找公共電話連絡時，要見的人卻在前面十幾公尺的地方走過去，也就是在毫不費力的情況下，找到了人。

在看到當事人的一剎那，心好像被電擊中一般，幾乎驚叫出聲，真是不可思議的安排呀！

不可思議的發愣

耶誕二零零四年五月二十七日上午十一點半，丙同學開車跟著甲同學的車去新竹的新豐找乙同學聊天。

到了乙同學家，就近找地方停車的時候，甲同學先停車搖下車窗，然後手指一處停車位，示意丙同學可以把車停在那個位子，丙同學發愣了一會沒有動作，甲同學又立刻把手往右前方的巷子指去說：

「還是在那巷子裡面找地方停吧。」接著甲同學自己，就把車停在當初指給丙同學的位子。原來甲同學看到丙同學發愣的當時，已決定還是自己停那個位子。

誰也沒料到，等大家聊完天回家的時候，竟然發現甲同學的車子，已被旁邊新建房子灌漿噴出來的水泥漿，弄得滿車髒。

看到甲同學的車滿車髒的丙同學，當下立刻瞭解：原來自己的發愣，是有原因的，真是不可思議的發愣呀！

◆　◆　◆

小記者一口氣的把四個親身經歷的故事說完，引來哄堂的掌聲。

之後，郝志冉署長請署下的無常局局長鄭巫婣女士，為大家主持探討「無常」。

鄭巫婣局長就站起來行禮，傳來陰沉聲調的客套話，又陰沉輕細的說：

認識無常

「無常就是地球世界的人、事、物變化不定，沒有長久性、沒有常態。例如：

一、產生——譬如動、植物的受胎、受粉，出生、發芽。

二、旺盛——譬如動、植物的結婚、生育，開花、結果。

三、消失——譬如動、植物的死亡、枯萎，然後消失。

四、還原——回到什麼都沒有。

其實這就是中國古代人所發現的地球上的五行相生相剋的過程。也是佛經所講的成、住、壞、空。地球和太陽的距離產生的四季是天象自然的常態；氣候驟變是天災，思想傷害是人禍，天災人禍就是人類的無常，很難加以避免的狀況。」

游發憲同學問：「照鄭局長所說，無常無法避免、沒有一定的答案、理論，也找不到真正的安全處。那麼一些在無常世界，找定論、求安全的行動，會不會是一種不實際的行為呢？」

鄭巫嫦局長回答：

「顯然沒錯，但，咱們有討論學習過『選擇的智慧、選擇的自由』不是嗎？」

賈聰明同學問：「該怎樣選擇才適合？」

鄭聰尹同學說：「選擇坦然面對，隨緣聚散，毫不在意吧！」

鍾富和同學說：「就是啊，歌就這麼唱：『好花不常開，好景不常在……』思想在生活的過程裡面，總是希望好的事一再重複，壞的事永遠不要來。但是，生活環境的物質世界，卻都是好花不常開，好景不常在的事與願違，所以，人類才痛苦不斷！」

人類行為學者辛冠茶教授接著說：

「古人看到世事是變化不定的無常，用大自然的一些痕跡，創造出八卦、寫出《易經》。整部《易經》把生活環境看到的現象一一闡述，到了最後的『未濟卦』，還是沒有辦法做出定論。個人發現：『沒有定論』正是古人的智慧。因為世事真的是無法定論的。而人類生命的重點就在不定論的當下活生生。這『未濟卦』對面卦是『既濟卦』，此卦讓人覺悟到：『雖然沒有定論，但，有可能正是面對轉機的轉捩點，更有可能從當下這一剎那轉機，豁然開朗，解脫心的一切的捆綁（心不住在無常的過程裡面），當下覺悟：活活潑潑、自由自在！』」

鄭聰尹接著說：「從剛剛的討論，個人在筆記上，寫了一些無常的句子，請大家聽聽」以下就是鄭同學唸的內容：

◆ ◆ ◆

貫看蕭瑟的秋風，
吹落春天的衣裳。
躲在冬天的大衣領內，
見不了夏日的濃蔭！
當曲終人散去，
還剩下什麼？

◆ ◆ ◆

鄭巫嫦局長說：「鄭同學還真是懂得無常啊！」

思想無常

之後，游發憲說：

「個人發現：思想就像做夢一樣，虛幻不實。而且，思想的虛幻不實，和世事變幻的無常是類似的。」

杜官扎同學接著說：

「個人也觀察到生活環境的物質盛衰現象，也在人的身上發生，因為人體也是物質的一部分，所以不能幸免無常。」

郝奇新同學也接著說：

「當知道人的身體和物質環境一樣無常之後，一定有人會好奇的問：『跟物質環境一樣產生盛衰的人身，有沒有擺脫無常的機會？機會有多大？』」

宗教哲學學者余敦務教授回答：

「其實人類的身體和充滿思想的心，才是物質，一顆不被思想佔據的心、思想休息的心並不是。所以，活在當下，選擇休息的心，就是擺脫的心。在擺脫狀態下，身體雖然還要隨物質環境而盛衰，但心卻可以超出它的影響。」余教授繼續說：

「如果硬要把思想休息、沒有語言、文字的狀態形容，就是心不住留在任何地方。最主要是不住留在思想，不受思想的物質盛衰之害，不住留在任何地方，才可以不受任何傷害。但是，當下必須小心、非常清楚：『任何語言、文字講述，絕非真正所講述的實況』，真正的『　』，是『不可說』的，因為它不在語言、文字的範圍裡面。而且也必須非常清楚：『是思想休息的真正情況，不是在思想的範圍內，光說，光想的做到。思想是異常狡滑的狐狸，請千萬小心。』」

鄭巫嫦局長一面鼓掌，一面說：「好極了！余教授把宗教哲學的重點都淋漓盡致化了！」大家也跟著熱烈鼓掌鼓勵！

之後，郝志冉署長請署下的無為局局長巫維先生，為大家主持探討「無為」。

大家立刻看到精神抖擻的泰山巫維局長，站起來行禮講客套話，然後快速的說：

認識無為

「面對『無為』，一定有人問：什麼是『無為』？水面隨時會起波，但是沒有風；同樣，古人說：『是非終日有，不聽自然無』，其實是聽了不動心，才是『無為』呢！」

歷史故事蔣顧世老師說：「在六祖壇經裡面的一個故事就是講這個。」

◆　◆　◆

甲和尚看到幡被風吹不停的飄揚，就說幡是因風而動的風動，但，乙和尚卻看法不同，說風沒有實體，實體動的是幡，所以應該是幡動才對。兩個和尚爭執不下，就去請問六祖，得到的回答是：

「不是風動，也不是幡動，是兩位和尚的心動。」是啊！心不動的話，怎麼會起爭執呢？」

小記者也說了一段電視卡通內容：

二零零四年九月，中華電視台的假日卡通片「少林傳奇」，看到了同樣的劇情。男主角跟少林寺住持學武，兩人在竹林裡練功打坐的時候，男主角聽到風吹竹葉的聲音，心裡想是風在吹動，睜開眼睛只看到竹葉在動，並沒有感覺到風；然後心就靜不下來，一直在風動和竹動之間爭執著：

「是風動，不對，是竹動……」正在爭得不可開交的時候，住持講話了：

「不是風動，也不是竹動，是閣下的心在動！」學武貴在一心，心動就非一心了！

文偶多同學問：「曾經在演講中聽到一句『業障本來空』，是不是指『無為』呢？」

宗教哲學學者余敦務教授回答：

「心當下沒有著落，沒有產生、沒有留下任何東西。在心空的當下，無論做了什麼行動（思想真的休息、記憶沒有出現、心的鐘錶停止的情況），會有業障嗎？（在這裡，狡猾的思想有可能利用它去作姦犯科，然後說自己的心是空的，沒有業障！必須非常小心、仔細、清楚、瞭解：『一顆犯法的心，怎麼會是空的呢？觸犯法律的人，一定是心裡面先出現慾望的想法，才會去做不是嗎？總不可能在心裡沒有想偷、想搶的念頭，卻出現偷和搶的行為吧？』）」

余維士同學馬上問：

「教授的意思是：心當下真正的自由建造了，心裡可以沒有留下任何建造的概念和記憶？」

余敦務教授回答：「重點在念頭的休不休息、動不動？」余教授繼續舉例：

在一面走路一面吃麵包的時候，剛好看到一隻又瘦又病的流浪狗，在旁邊找食物，順手就丟一個麵包給流浪狗吃。做這些動作的時候，心裡並沒有任何念頭在心裡面轉動，然後繼續趕路，並且一下子就把剛剛的事，忘得一乾二淨。

◆ ◆ ◆

余敦務教授接著說：「像這樣是有可能的！」

討論到這裡，下午第一次休息鐘聲響了，師享部長宣布休息。

恢復研討時，人類行為學者辛冠茶教授繼續針對話題說：

「燕子選擇住家相當有智慧，因為在人類的屋簷下，不怕風吹也不怕雨打，更不會受到任何動物的威脅。平日在電視節目的動物記錄片中，看到有多少的動物，天天時時在提心吊膽的過日子。而燕子不必，隨時可以呢喃，隨時可以翺翔！這就好像告訴聰明的人類，一樣握有選擇權不是嗎？」

余敦務教授接著說：「對，人類選擇無為的心眼當下，從心眼當下開始、結束——就說是從燕子身上得到的智慧吧！」

辛冠茶教授接著說：

「個人在無常的探討中說過：古人的想法輕輕地從無極，演變成萬事萬物。那就是《易經》的無極生太極，太極生兩儀，兩儀生四象，四象生八卦，八卦生六十四卦，六十四卦包羅萬象。那麼，心眼可不可以像時光隧道，在當下看清楚由想法產生的萬事萬象的實況，當下結束萬事萬象，當下回到無極？」

趙珍湘同學問：「這不就是禪嗎？把禪字拆開是『示一單』。個人覺得示一是一條時光隧道，怎麼說？說是：『回歸原本的路』恰當嗎？」

巫維局長解釋說：「個人瞭解：無為是禪，禪行無為。就是心眼徹底看清楚而自然停止、休息了（心靈、身體完全放鬆，沒有一丁點兒的動作），活在當下全新的一剎那，徹底瞭解當下這一剎那內心和生活環境正在產生的念頭和發生的事，又對念頭和發生的事，不作任何的批判。（不掉進思想的陷阱）（思想可以安靜，人間是不是可以天堂？）」

鄭聰尹同學又拿出筆記，唸筆記請大家聽：

「思想睡著了！

時間也靜止了！

有人以為是失戀了！

有人說：「好像在打坐」。

猛然抬頭

只看到

一群鴿子輕輕飛過

卻沒有掉下秋毫片羽！」

◆　◆　◆

巫維局長拍手贊許說：「鄭同學還真有一套形容能耐！」

竇淮儀同學懷疑的說：

孫悟空名雖是悟空，個人懷疑並不悟空，要不然就不會喜歡使用種種神通法術。神通法術是思想產生的，好像夢幻泡影一樣，只是短暫無常的不是嗎？」

余敦務教授回答：

「懷疑有理，『空』沒有任何東西存在，沒有任何東西存在的狀態之下，照相機還可以抓到影相嗎？白鶴飛過的天空，會留下任何痕跡嗎？」

巫維局長接著就說：

「但是，『空』並不是採取忽略，故意視而不見，反是心眼什麼都清楚、都知道，把日常生活的遭遇和心念詳細看得非常清楚，但沒有加以任何批判。因為沒有批判，不生任何作用，天下本無事，天下太平！」

游發憲說：

「『空』如果是一顆心空空盪盪，寂寂靜靜，如如不動。那當下咱們討論的文字、語言就全部不是真的，只是虛假借用的形容詞嘍！」

余敦務教授回答：

「一點也沒錯，可以說的都是形容詞，把事實形容得出神入化，也絕對不是所形容的真實樣子。」

巫維局長接著說：

「木柴傳的是物質的火，肉體傳的是生命之火；所以木柴、肉體都不是重點，重點在火。」

余敦務教授又接著說：

「『無為』不可言傳，因為它不是語言、不使用語言的關係。不可言傳，可以心傳吧？」

賈聰明就問了：「心怎麼傳呢？」

余敦務教授回答說：「以心印證心，兩心絲毫無異，語言、文字以外的不可見、不可說的生命無限真愛和真美。」

游發憲忽然問：

「那麼語言、文字也可以像蜜蜂、蝴蝶一樣，傳語言、文字之外的『無為』花粉嗎？」

巫維局長回答說：「那就要去問受粉的花蕊嘍？」

之後，郝志冉署長請署下的活在當下局局長蔡檔匣先生，為大家主持探討「活在當下」主題。

黑髮帶光的蔡檔匣局長，馬上站起來行禮講客套話，然後說咱們又再一次對話嘍！接著說出心中的「活在當下」：

活在當下

「『活在當下』就是用心眼看清內外一切動向之當下，馬上扭轉一切行為的實際。可以當下看清……，當下脫離……，放下……，解決……，以最簡單來講，就是把心立刻從一切紛亂當中抽離，回到原來的單純、寧靜。也就是徹底丟掉思想、過程、幻相沈重包袱的輕鬆、自在！」

蔡檔匣局長說完，馬上加了一句：「各位，請接棒。」

郝多聞同學馬上就問：

「想要改掉壞習慣，專家都建議靠意志力。而效果通常是意志有限，習性難改，為山九仞，功虧一簣。蔡局長卻說可以馬上扭轉、當下解決，這是真的嗎？」

蔡檔匣局長回答：

「只要心眼當下，把活在過去重複的習性看得夠清楚，當下就做，當下解決，沒有問題；辦事效率高，行動速度快，就是真正『活在當下』的行動！做不到的話，就是心眼沒有把習性看得夠徹底嘍！」

杜官扎接棒說：

「根據個人多日來詳細觀察發現：蔡局長所說的當下心，就像天上的雲，是行動的、變化的，不會停下來住宿，因為天空留不住它！」

蔡檔匣局長回答：「杜同學的觀察沒錯，當下心無所住、無可住，活潑潑、活生生！」

鄭聰尹接棒說：

「綜合個人多日來，參加心靈研討會所瞭解的『活在當下』心的新，並不是月異日新的新，而是當下更改、更新，沒有時間的全新。心的一剎那轉換，也不需要任何名詞和毅力的幫助！」

蔡檔匣局長回答：「對，這就是時簡幗娠署長所講的『心沒有時間、過程』」

戴崇富問：

「咱們看到：所有的先知，都以身作則、孜孜不倦，然而向先知學習多年的學生，卻是依然故舊，沒有進步。這也就是沒有活在當下的原故嘍？」

此時，時簡幗娠署長加入說：

「沒錯，個人就再重複一次：不能改變的主因，就是活在思想的過程裡面。苦行的人認為，一定要歷盡千辛萬苦，才有可能磨練出爐火純青的悟。就是沈醉在『不經一番寒徹骨，那來梅花撲鼻香』這種時間、過程裡面。」

蔡櫑匣局長接棒說：

「時簡署長雖然是重複，但是可以更清楚、更明瞭：活在當下的人在當下這一剎那就停止時間、過程，所以是輕鬆行，沒有苦行。說時遲，那時快，輕舟已過萬重山，自然到達那裡。是最快的開始、最快的結束。」

趙珍湘同學問：「個人聽演講，聽到一句話說：『活在當下是不取不棄的。』問題是：不取什麼？不棄什麼？」

余敦務教授回答：

「當下不取思想的一切情境，脫離思想、時間、幻相。思想充滿點子，心眼真實看清，一概離棄。當下活生生、自由自在，沒有住留的心是不可棄的，不然用什麼作徹底詳細看呢？」

之後，小記者接棒提供個人記錄：

◆　◆　◆

耶誕一九九六年被選為十大傑出青年的某先生，是不幸意外肢殘的畫家。在被訪問的談話中，說出了每一個人都可以實行的光明面：「不去想自己失去了什麼，而是看自己還有什麼，然後把握這些，盡最大的努力去做」。

是啊！生活環境有什麼就用什麼，不對命運、遭遇自怨自艾、自暴自棄就是活在當下了。

◆ ◆ ◆

歷史故事專家蔣顧世老師接棒說：「小記者的記錄，接近當下隨緣，個人這裡就提供當下隨緣詩三則，請大家聽聽」：

當下隨緣

白居易詩：「蝸牛角上爭何事？石火光中寄此身；隨富隨貧且歡喜，不開口笑是痴人」。

又：無名氏詩：「人生世間一大夢，夢裡胡為苦認真，夢短夢長俱是夢，忽然一覺夢何存？」

又：《浮生六記》中也有幾句隨緣說：

「樂即是苦，苦即是樂，帶些不足，安知非福？」

文倜多同學就問了：

「當下隨緣的意含到底有多少？是沒有追求，有緣就接受，無緣就算了嗎？」

余維士同學也問：

「當下隨緣就是順應大自然的春天賞花，夏天賞螢，秋天賞月，冬天賞雪吧？」

易曼珠同學也接著問：

「當下隨緣是不是當下這個時刻，有什麼可吃，就吃什麼，有什麼可用，就用什麼。昨天覺得特別好吃的，今天、明天不一定再要，今天感覺很好用的東西，明天不一定希望持續使用呢？」

蔡檔匣局長回答：

「如果心眼徹底看清思想的底細，思想自然而然的止息了，心不動，而只隨緣的有什麼可用，就用什麼，沒有也就算了，但，卻不是用得上的東西出現在前面，都不去用的情況。」

游發憲發現說：「個人發現活在當下也是修心。」

修心

蔡楦匣局長說：「沒錯，但是，古代修心稱做養生。重點在認識心超出肉體的生死，而不是吃對身體滋養的食品，延長壽命。」

趙達安同學忽地問道：「修心也可以像自助旅遊那樣，在旅途中，自己是導遊，也是旅客嗎？」

蔡楦匣局長回答：

「當然可以，一個景點的被發掘，有時候是走錯路、迷路之後的偶然發現。修心迷路的人佔大部分，也有多數人迷路了自己還不知道。所以知道自己是不是走錯路，也很重要。因為迷路以後的新發現，說不定就是活在當下轉折點。」

游發憲再發現說：

「蔡局長剛剛說到迷路。個人馬上發現：迷是慾望要有所得，還要得更多，乃至得了天下，仍嫌不夠！」

蔡楦匣局長回答：

「迷是思想演的戲太逼真了，讓看的人迷失在裡面，一時之間沒有回到當下！」

賈聰明就說了：

「蔡局長說的就是思想的迷宮：四周都是一樣的圖案，因此眼睛完全無法辨識方向，走到腳軟身疲，還是找不到出路。」

蔡檔匣局長回答：

「正是。可是，咱們還是可以拿鮮明的畫筆，試著去畫不同的圖案，以知道自己的來路，這樣就不會再重蹈覆轍了。只有心眼徹底看清混亂和失序，才能產生秩序，秩序井然不是嗎？」

心當下的清楚明白

趙珍湘同學接棒問：「人的心，有可能當下突然就清楚明白嗎？」

余敦務教授回答：

「咱們早就討論明白：好、壞是思想的定論、內容，如果心眼當下認識普天之下所有的事情，是真的沒有好，也沒有壞，是有可能跟《六祖壇經》的惠明上座一樣，當下突然就清楚明白！」

竇淮儀接著問：

「其實思想非常聰明，它發明了很多機械式的修心方法，卻不清楚事實只是住著在思想的浪費功夫、欺騙自己。所以，個人懷疑，跟著人家走，就可以得到一樣的結果？」

趙麗尤同學也跟著問：

「竇同學的意思是不是：在修心找真相方面，有沒有鐵則和公式可以依循？如果有，那是什麼？」

余敦務教授回答：

「在電腦裡面的程式，隨著使用者的思想須求，不斷的創新。心當下一剎那的清楚明白，完全相反，是脫離思想的自然新，這新連語言、文字都沒有，那裡可能出現鐵則、公式的名稱和事實呢？」

賈聰明馬上反應說：

「余教授的意思就是常聽說的：『放下屠刀，立地成佛』吧？」

余敦務教授回答：

「心當下的清楚明白，是看清選擇抽離思想，處在寧靜的休息狀態，但，不是睡著了。」

這時候，師享部長起來交換蔡檔匣局長，帶領大家熱烈鼓掌，久久才停，充分表達感謝所有參與研討人員熱誠與辛勞。然後說：

「經過四天的熱烈討論，本部所舉辦的心靈探討，到此全部圓滿結束。本人代表「心」國文化部，感謝大家的熱誠參與，同時恭喜大家在研討會中，獲得深刻無比的心靈空間，有可能從此活在當下，用心眼當下實踐真愛在實際生活當中，使真愛飛揚在人間！本人在此，願意以咱們剛剛探討出爐的人類真愛，祝福大家！順便贈送大家一句話：

『智慧不是抓住任何東西，而是當下放掉一切！』」

賈聰明同學聽後，面對師享部長大聲的說：「師享部長！請等一下！」

師享部長問：「賈同學還有什麼話？」

賈聰明同學說：

「個人要特別感謝師部長四天來的親自督導，也要回贈師部長一句話。這句話，剛好可以接在師部長送的那句話的下面：

『只有當下放掉一切，才能真正自由自在！』」大家一聽，都覺得接得非常恰當，於是熱烈鼓掌鼓勵！

這時候，宇宙博士站起來和師享部長熱烈握手，口中不斷表示感謝，然後說：

「隨著心靈研討會的落幕，咱們從賈聰明同學的表現上，很清楚的看到了心眼當下全新的萌芽，這才是這一次心靈研討會真正值得的地方，大家說是不是？」

全場的人士聽了宇宙博士的話，莫不回答：「是！」

接著，師享部長向大家邀請說：「本人在剛才研討會快要結束的時候，已經通知一樓餐廳，今晚，再由文化部，請大家吃一頓心靈晚餐！請諸位賞臉！」

大家聽了，立即熱烈鼓掌感謝部長！心底也很感動！在心靈晚餐結束，宇宙博士代表大家感謝時，師享部長仍然說：「請大家留下來，繼續在此渡假，明天上午再走不遲！大家也感覺到師享部長的盛情邀約，也就再留一晚。

第五天上午，宇宙博士一行人，才真正與「心」國所有人員一一告別，從「心眼」時光隧道回來。

溝通的橋樑——敬告讀者：

電視新聞的失業、偷、搶、騙、吸毒、自殺事件的不斷發生，突顯著社會人心嚴重不安，和心靈安頓的須要。有鑑於此，心觀提供一信箱，讓讀者有另一種選擇。

凡有心靈疑難，或對心靈、修心想深入研究興趣者，歡迎來信交流，請附回郵竭誠服務；無回郵恕難回覆。假如來信附簽一份「書中回答同意書」，個人如再出書的話，非常願意在書中如實回答。信寄中壢郵政——四之九三號信箱收

國家圖書館出版品預行編目

安頓心靈的智慧 / 心觀著. —— 一版.
臺北市：秀威資訊科技,2005〔民 94〕
面； 公分. -- 參考書目：面
ISBN 978-986-7263-49-0（平裝）
1. 修身

192.1 94012267

BOD Books on Demand 哲學宗教類 PA0008

安頓心靈的智慧

作　　者 / 心觀
發 行 人 / 宋政坤
執行編輯 / 李坤城
圖文排版 / 劉逸倩
封面設計 / 羅季芬
數位轉譯 / 徐真玉　沈裕閔
圖書銷售 / 林怡君
網路服務 / 徐國晉
出版印製 / 秀威資訊科技股份有限公司
台北市內湖區瑞光路 583 巷 25 號 1 樓
電話：02-2657-9211　傳真：02-2657-9106
E-mail：service@showwe.com.tw
經 銷 商 / 紅螞蟻圖書有限公司
台北市內湖區舊宗路二段 121 巷 28、32 號 4 樓
電話：02-2795-3656　傳真：02-2795-4100
http://www.e-redant.com

2006 年 7 月 BOD 再刷
定價：420 元

讀　者　回　函　卡

感謝您購買本書，為提升服務品質，煩請填寫以下問卷，收到您的寶貴意見後，我們會仔細收藏記錄並回贈紀念品，謝謝！

1.您購買的書名：＿＿＿＿＿＿＿＿＿＿＿＿＿＿＿＿

2.您從何得知本書的消息？

□網路書店　□部落格　□資料庫搜尋　□書訊　□電子報　□書店

□平面媒體　□ 朋友推薦　□網站推薦 □其他＿＿＿＿＿

3.您對本書的評價：(請填代號　1.非常滿意 2.滿意 3.尚可 4.再改進)

封面設計＿＿　版面編排＿＿　內容＿＿　文/譯筆＿＿　價格＿＿

4.讀完書後您覺得：

□很有收獲　□有收獲　□收獲不多　□沒收獲

5.您會推薦本書給朋友嗎？

□會　□不會，為什麼？＿＿＿＿＿＿＿＿＿＿＿＿＿＿＿＿

6.其他寶貴的意見：＿＿＿＿＿＿＿＿＿＿＿＿＿＿＿＿＿＿

＿＿＿＿＿＿＿＿＿＿＿＿＿＿＿＿＿＿＿＿＿＿＿＿＿

＿＿＿＿＿＿＿＿＿＿＿＿＿＿＿＿＿＿＿＿＿＿＿＿＿

＿＿＿＿＿＿＿＿＿＿＿＿＿＿＿＿＿＿＿＿＿＿＿＿＿

讀者基本資料

姓名：＿＿＿＿＿＿＿＿＿＿　年齡：＿＿＿　性別：□女 □男

聯絡電話：＿＿＿＿＿＿＿＿　E-mail：＿＿＿＿＿＿＿＿＿＿

地址：＿＿＿＿＿＿＿＿＿＿＿＿＿＿＿＿＿＿＿＿＿＿＿＿

學歷：□高中(含)以下　□高中　□專科學校　□大學

□研究所(含)以上 □其他＿＿＿＿＿＿＿

職業：□製造業 □金融業 □資訊業 □軍警 □傳播業 □自由業

□服務業 □公務員 □教職　□學生 □其他＿＿＿＿＿

請貼
郵票

To：114

台北市內湖區瑞光路 583 巷 25 號 1 樓

秀威資訊科技股份有限公司　　　收

寄件人姓名：

寄件人地址：□□□

(請沿線對摺寄回,謝謝!)